돈이 되는 말의 법칙

KASEGU KOTOBA NO HOSOKU 'SHIN·PASONA NO HOSOKU' TO URERU KOSHIKI 41
by Masanori Kanda

Copyright ⓒ 2016 Masanori Kanda

Korean translation copyright ⓒ 2016 by Sallim Publishing Co., Ltd.
All rights reserved.
Original Japanese language edition published by Diamond, Inc.
Korean translation rights arranged with Diamond, Inc.
through Japan UNI Agency, Inc., Tokyo and Korea Copyright Center, Inc., Seoul

이 책은 ㈜한국저작권센터(KCC)를 통한 저작권자와의 독점계약으로 (주)살림출판사에서 출간되었습니다.
저작권법에 의해 한국 내에서 보호를 받는 저작물이므로 무단전재와 복제를 금합니다.

돈 버는 체질을 만드는 강력한 시스템
돈이 되는 말의 법칙

간다 마사노리 지음 · 최지현 옮김

살림

말하는 방법만 바꿔도
돈이 벌린다

날려버리겠다. 정신을 차리지 못할 정도로 세게 날려버릴 테니 각오하기 바란다.

뭘 날려버릴 거냐고? 그건 바로 물건이 안 팔린다는 둥 돈 벌기 힘들다는 둥 앓는 소리만 하고 있는 당신의 약해빠진 정신이다. 당신이 물건을 파는 일에 자신이 없거나 부자가 되는 것에 거부감이 든다면 그 마음을 완전하게 없애버리고자 하는 것이 이 책의 목적이다. 물건을 파는 기술을 익히고 돈을 벌 수 있는 사람이 되는 것, 이 책은 바로 그것을 위한 '입문서'이니 '바이블'로 삼기를 바란다.

앞으로 당신은 무엇이든 팔지 않으면 살아남지 못할 것이다. 이유는 간단하다. 물건을 파는 일은 생활을 위해서 어쩔 수 없이 해야 하는 일만은 아니다. 파는 일은 자신의 재능을 발견하고 표현하기 위한 최고의 과정이며, 그 결과 수입으로 직결되는 일이기 때문이다.

과거에는 근무하는 회사나 직급, 연령 그리고 학력에 따라 수입이 거의 결정되었다. 정해진 대로 성실하게 일하면 누구나 평생 안정적으로 돈을 벌 수 있었다. 그러나 이제 상황이 180도 달라졌다. 지금은 놀라울 정도로 많은 수입을 벌어들이는 '보통 사람들'이 급속도로 늘고 있다. 심지어 그 사람들은 하기 싫은 일을 억지로 하는 것이 아니라 자신이 좋아하는 일을 진심으로 즐기면서 하고 있다.

당신도 아마 이런 사람들의 이야기를 들어본 적이 있을 것이다.

— 보너스만 투자해 수억 원을 벌어들인 벤처 기업의 40대 집행 임원
— 부업으로 하던 부동산 사업으로 억대 연봉을 버는 30대 대기업 샐러리맨
— 유튜브 채널로 1년에 수억 원씩 버는 20대 창업자
— 정년을 앞두고 페이스북으로 큰돈을 모은 50대 후반 샐러리맨

이런 사람들이야 어쩌다 가끔 있는 거 아니겠냐며 모른 체

하기도 어렵다. 왜냐하면 우리 주위를 둘러보면 한 명쯤은 있을 정도로 일반적인 예가 되고 있기 때문이다.

'계층'의 보호를 받던 '수입의 벽'은 붕괴되었다. 이제 수입은 당신이 속한 회사에 좌우되지 않는다. 개인이 스스로 발굴한 자신의 재능을 자신이 속한 회사와 고객을 상대로 얼마나 팔 수 있는지에 따라 결정될 것이다. 그렇기 때문에 제대로 팔 수 있는 자신감이 없다면 아무리 재능이 있는 사람이라도 더 큰 세상으로 나아가지 못하고 우물 안에 갇혀서 평생을 보내게 될 것이다.

실제로 내가 겪었던 에피소드를 하나 소개하고자 한다.

어느 날 나는 강연을 하러 가기 위해 택시를 탔다. 택시 기사에게 강연회장 장소를 말하자 60세 정도 되어 보이는 그가 나직이 말하기 시작했다.

"손님께서 지금 가시는 그 홀 말인데요, 거기 음향을 제가 설계했어요. 세계 최고 수준이라고 할 수 있죠."

흥미를 느낀 나는 택시 기사와 대화를 이어갔다.

"네? 본인이 직접 설계하셨다고요?"

백미러를 통해 보이는 택시 기사의 얼굴이 빛났다.

"네. 예전에 전기 설비 업체에서 일했었거든요. 콘서트홀의 음향 디자인이 제 전문이었죠. 전 세계에 있는 홀의 음향은 거의 다 만져봤어요."

너무나도 놀라운 이야기였다. 그런데 어째서 이토록 훌륭한 음향 디자이너가 자신의 전문성을 살리지 못하는 일을 하고 있는지 묻지 않을 수 없었다. 나의 무례한 질문에 대답하는 택시 기사의 표정이 어두워졌다.

"물론 전 아직도 제가 그 일을 할 수 있다고 생각하지요. 그런데 같이 일하던 부하 직원들이 자꾸 치고 올라오니 물러날 때가 된 것 같더라고요. 그래서 과감히 은퇴한 거죠."

솔직히 슬픈 생각이 들었다. 그리고 비록 마음속으로지만 크게 외쳤다.

'기사님의 재능은 보석 같은 겁니다. 그러니까 다시 한 번 세계에서 활약하셨으면 좋겠어요!'

세계를 무대로 활약하던 음향 디자이너가 자신의 재능을 살릴 수 없는 일을 선택한 이유는 도대체 무엇일까? 그것은 회사를 떠나면 음향 디자인이라는 경험과 재능이 '돈이 될 리가 없다'는 생각이 뿌리 깊게 박혀 있기 때문이며, '나이가 들면 수입은 줄어들 수밖에 없다'는 통속적인 생각을 아무런 저항 없이 받아들였기 때문이다.

'돈이 되는 말의 법칙'을 누구나 발휘할 수 있다는 사실을 알게 된다면 그는 어떤 일을 선택했을까. 그리고 어떤 꿈과 열정을 갖고 일생을 살고 있을까. 자신이 본래 갖고 있는 '돈 되는 일'을 외면한다면 그것이 밖으로 드러나는 일도, 세상에서 쓰일 일도 없을 것이다. 즉, 당신이 '돈이 되는 말의 법칙'을 활용하지 않는다는 것은 세상에게 있어 아주 큰 손실인 것이다.

지금까지 2만 명이 넘는 경영자와 창업자를 육성한 경험으로 단언하건대, '돈이 되는 말의 법칙'은 인간이라면 누구나 습득할 수 있는 능력이다. 그 본질은 내가 만난 상대방에게서 재능을 발견하고, 그 재능을 내가 제공할 수 있는 가치와 연결 짓는 커뮤니케이션 능력에 있으며, 이러한 능력은 말의 사용법에 따라 결정된다. 그리고 이 책은 당신이 이미 갖고 있는 '돈 되는 일을 만드는 힘'을 제대로 발휘할 수 있도록 말하는 법을 알려줄 것이다.

대부분 사람들은 상품을 팔기 위해서 '어떤(How) 미사여구를 써서 상품을 묘사할까'만 생각한다. 그렇지만 이건 잘못된 생각이다. '무엇(What)을 어떤 순서로(When) 말하느냐'가 훨씬 더 중요하다.

그래서 이 책의 1부에서 주어지는 질문에 대답만 해도 '무엇(What)'을 찾아낼 수 있는, 즉 '돈 되는 말을 찾아내는 5가지 질문'을 이야기할 것이고, 이렇게 찾아낸 'What'을 어떤 순서(When)로 말해야 하는지를 'New PASONA 법칙'으로 소개할 것이다.

이 '돈 되는 말을 찾아내는 5가지 질문'과 'New PASONA 법칙'은 '돈이 되는 말의 법칙'을 익힐 수 있는 가장 간단하고 강력한 방법이라고 자부한다. 원래 'PASONA 법칙'은 마케팅 전문가들 사이에서는 유명한 법칙이다. 사실 이것은 내가 17년 전에 개발한 것인데, 지금까지 책으로 내달라는 제안을 모두 거절해왔다. 왜냐하면 사용 즉시 효과를 발휘할 수 있는 최고의 방법인 만큼 악용될 가능성 또한 배제할 수 없었기 때문이다. 그렇지만 이제는 오해의 소지 없이 설명할 수 있는 자신이 생겼기에 현세대에 맞게 조금 내용을 변경해 'New PASONA 법칙'이라고 이름을 붙여 상세히 설명할 생각이다.

내가 이 책에서 소개하는 '판매의 기술'은 상당히 편리하긴 하지만, 사실 계속해서 오랫동안 쓸 수 있는 방법은 아니다. 당연한 얘기지만 비즈니스를 성공시키기 위해서는 매일같이 일어나는 문제에 끊임없이 대처하고 매력적인 기획을 제안하면서 주위 협력자와 더불어 작은 성공을 경험하고 그런 경험들을 축적해나가야 하기 때문이다.

이러한 비즈니스 성장 과정은 말을 어떻게 사용하느냐에 따라 가속화될 수 있다. 왜냐하면 역경에 부딪혀도 해결을 위한 아이디어가 쉽게 떠오르게 되고 멤버 간 커뮤니케이션 또한 원활하게 이루어지기 때문이다.

나는 이 책의 2부에서 돈이 되는 말을 만드는 과정을 법칙으로 정리하여 공개하고자 한다. 지금 당장 팔아야 하는 상품이 없거나 현재 자신의 일을 하면서도 언젠가 활용할 수 있도록 당신을 '돈을 벌 수 있는 체질'로 만드는 것이 목적이다. 2부에서 소개하는 법칙은 역시 단순하지만 강력한 공식이다. 표면적으로는 판매의 기술을 모은 것이지만 그 배경에는 20년에 걸쳐 수만 명을 컨설팅한 나의 경험을 응축한 이론 체계가 있다. 돈이 되는 말을 만드는 데 정말로 필요한 원칙을 하나도 빠짐없이 중복되지 않도록 고민을 거듭해 엄선한 것들이다. 부담 없이 읽어보고 하나라도 사용해본다면 현실적인 차이가 바로 느껴질 것이다.

지금까지 개인이 살아가기 위해서는 회사가 필요했다. 그러나 앞으로 회사가 성장하기 위해서는 회사를 붙들고 늘어지는 사람이 아니라 돈 버는 능력을 가진, 자립적인 개인이 필요해질 것이다. 따라서 부자가 될 자신이 없다는 당신의 나약한 마음은 이제 이 책을 읽고서 날려버리길 바란다. 그런 약한 마음 대신에 새로운 시대를 향해 자신을 빛나게 하고, 회사를 흥하게 하고, 세계를 휘어잡을 힘을 당신에게 주겠다.

돈 되는 일을 직시하기 시작하면 그때부터 당신의 진정한 재능이 깨어날 것이다. 그것은 말하는 방법을 아주 조금 바꾸는 것에서부터 시작한다. 그렇다면 이제 당신 안에 있는 '돈이 되는 말의 법칙'을 한번 느껴보길 바란다.

2016년 간다 마사노리

차례

시작하면서
말하는 방법만 바꿔도 돈이 벌린다   5

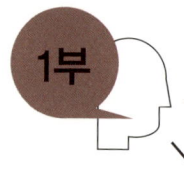

1부 돈 버는 체질을 만드는 이론

1장 ··· 돈 되는 말을 찾아내는 5가지 질문

팔려고 하는 상품의 특징은 무엇인가?   27
이 상품을 원하는 소비자는 누구인가?   30
상품을 만든 회사는 믿을 만한가?   37
고객의 공감을 얻고 있나?   42
고객을 안심시킬 수 있는 증거는 무엇인가?   46

2장 ··· 돈 되는 말의 흐름을 만드는 방법

'New PASONA 법칙'이란 무엇인가?   53
'New PASONA 법칙' 실행하기   58
팔리는 메시지를 만드는 3가지 방법   67
메시지가 전달되는 메커니즘   70

2부 돈 버는 체질을 만드는 시스템

3장 ··· 돈 되는 밀물 만드는 힘

성장 곡선의 법칙: 매출이 떨어질 때가 기회이다 · 87
변화와 용기의 법칙: 결과로 실력을 말하라 · 90
상품 단일화의 법칙: 성공 경험을 업그레이드하라 · 93
두 개의 산 법칙: 고객 속의 고객을 찾아라 · 96
고객 경청의 법칙: 예산보다 이익을 확보하라 · 99
100만 명 돌파의 법칙: 변수에 주목하라 · 102
꿈 이용의 법칙: 간절한 질문이 답을 구한다 · 105
알라딘과 요술 램프의 법칙: 미래에 무엇이 필요한가? · 108
내 마음대로 승인의 법칙: 작게 시작하라 · 111
모모타로의 법칙: 상대에 따라 말의 내용을 바꿔라 · 114
순이익 80%의 법칙: 이익에 집중하라 · 117
체험가치의 법칙: 상품보다 체험을 선물하라 · 120
6명의 법칙: 비즈니스 모델은 위기에 만들어진다 · 123
공동 성장의 법칙: 고객과 함께 성공하라 · 126
건설적 포기의 법칙: 현실과 타협하지 마라 · 129
단체줄넘기의 법칙: 작은 성공을 쌓아라 · 132

4장 ⋯ 돈 되는 메시지를 만드는 방법

카피라이팅의 법칙: 감동은 한 줄로도 전달된다	137
얼굴 사진의 법칙: 이미지는 힘이 세다	140
미끄럼틀의 법칙: 다음 문장이 궁금한 카피를 써라	143
고통 해결의 법칙: 고객이 듣고 싶은 이야기를 하라	146
상처받은 치유자의 법칙: 역경을 활용하라	149
카운트다운의 법칙: 고객의 상황을 고려하라	152
예측하지 못한 경쟁 상대의 법칙: 의외의 적을 세워라	155
인생 한 방의 법칙: 돈보다 도전이 우선이다	158
거절하지 못하는 표현의 법칙: 구매 효과를 나열하라	161
우선 제공의 법칙: 최고부터 보여줘라	164
효과적인 증거의 법칙: 고객을 드러내라	167
대담한 보장의 법칙: 환불을 겁내지 마라	170
간단한 교환의 법칙: 심플하게 사게 하라	173
보이지 않는 배려의 법칙: 포장에 마음을 담아라	176
끼워 팔기의 법칙: 더 만족시키려면 더 팔아라	179
소비자 성공의 법칙: 판매가 끝이 아니다	182

5장 … 사원에서 사장으로, 장사에서 사업으로

전략적 제안의 법칙: 잘하는 것을 내보여라	187
신뢰 디자인의 법칙: 보이지 않는 가치에 투자하라	190
손실 감수의 법칙: 이익을 사회 공헌으로 연결하라	193
단호한 거부의 법칙: 사명감을 표현하라	196
간단한 규정의 법칙: 행동 규범이 회사를 만든다	199
물과 기름의 법칙: 관리 없는 혁신은 없다	202
고객 평가 활용의 법칙: 미래는 고객이 만든다	205
인생 직업의 법칙: 재미가 돈을 만든다	208
돈이 되는 말의 법칙: 다른 사람을 위해 일하라	211

부록
[돈 안 되는 생각] vs. [돈 되는 생각] 체크리스트   214

1부

돈 버는 체질을
만드는 이론

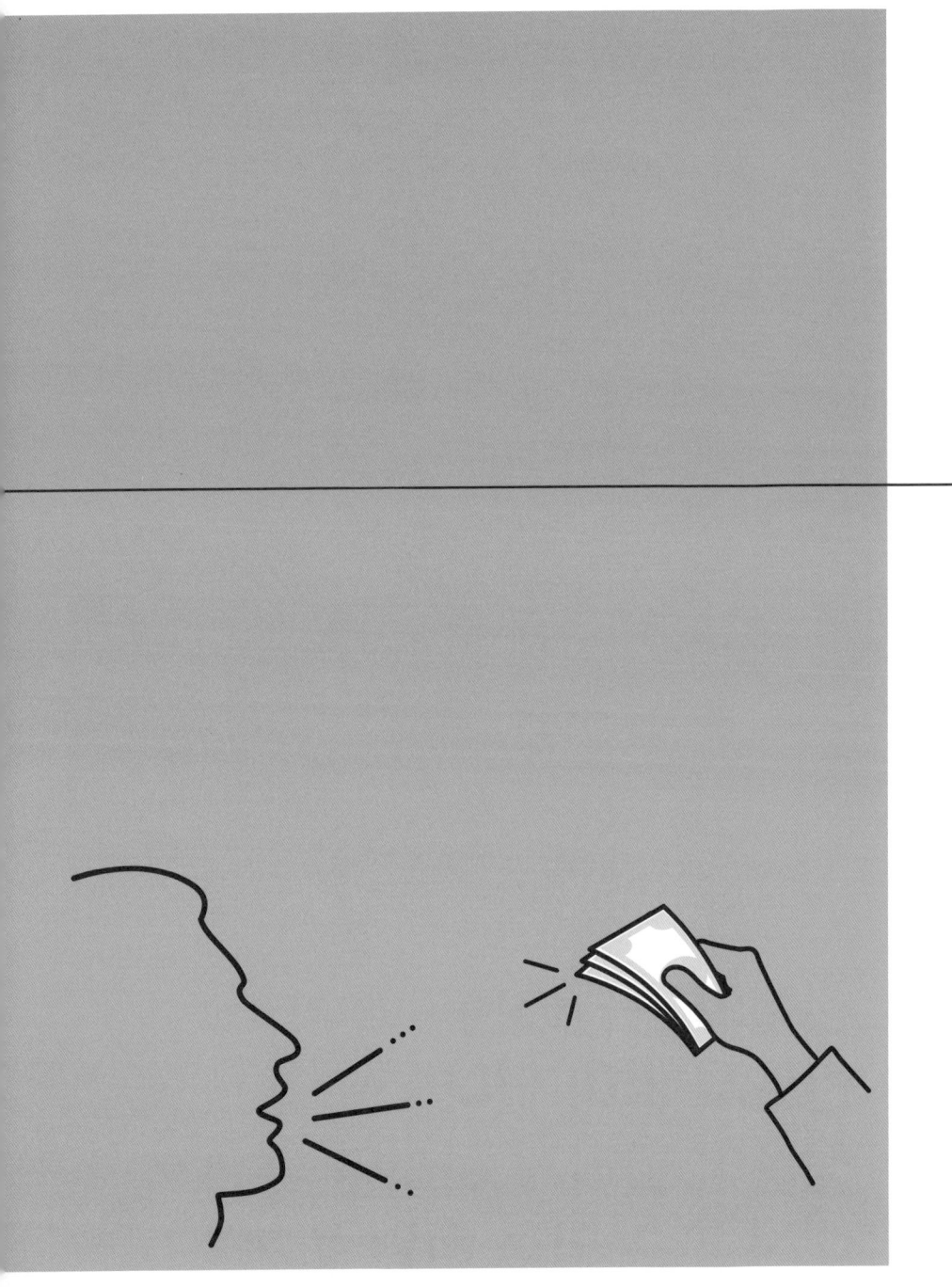

진실의 순간에는
반드시 말이 있다.
상품이 팔리게 하려면
대체 무슨 말을 하면 될까?

사람의 말은 무한대로 조합할 수 있지만 '돈이 되는 일'에 초점을 맞추면 간단히 완성할 수 있다. 이제 당신에게 전하고자 하는 것이 바로 그 간단한 방법이다.

나는 '돈이 되는 말의 법칙'을 컨설팅 경험을 통해 발견했다. 당시 창업한 회원 컨설팅 서비스가 크게 성공한 덕분에 연간 2,000건이 넘는 상담을 진행했다. 컨설팅의 내용은 극히 간단했다.

'매출을 올리는 것.'

광고, 전단지, 다이렉트 메일, 영업 마케팅 등은 잘 모르는 회사가 제안하면 잘 모르는 고객이 손을 들어 사는 꼴이다. 나는 이 '판매자'와 '구매자'가 접점을 갖게 되는 그 순간에 사용되는 '말'에 주목하기로 했다. 말의 배열을 바꾸기만 해도 고객의 반응이 바뀌고 사원의 대응이 바뀌며 회사의 현실이 바뀐다. 나는 돈을 벌 수 있는 현실을 만드는 2가지 이론을 찾아냈다. 그것이 '돈 되는 말을 찾아내는 5가지 질문(이하 5가지 질문)'과 'New PASONA 법칙'이다.

이 두 이론을 사용하면 어떤 업계의, 어떤 규모를 가진, 어떤 상품을 취급하는 회사를 대상으로 하더라도 20분 안에 판매에 필요한 정보를 끌어내고 상품을 잘 팔 수 있게 된다.

광고 카피를 생각할 때, 많은 사람이 쓸데없는 노력을 기울인다. 고객에게 좋은 인상을 주기 위해 '고객을 배려한 표현'을 생각하고 '아름다운 문장'에 집착하기도 한다. 그러나 고객을 배려한 문장, 아름다운 문장은 모두 필요 없다. 매출을 올리는 데는 '어떻게(How) 말할까'보다는 '누구(Who)에게 무엇(What)을 어떤 순서(When)로 말할까'가 더 중요하다.

진실의 순간에는 반드시 말이 있다.

그리고 이것을 실천하기 위한 도구가 '5가지 질문'과 'New PASONA 법칙'이다. 이 두 이론을 실천한다면 재미있게도 상품이 날개 돋친 듯 팔리기 시작할 것이다. 게다가 매출뿐 아니라 당신의 메시지가 고객에게 알기 쉽게 전달되기 때문에 당신의 가치도 함께 올라간다.

말해두지만 이 책은 실용서이다. 상품 파는 것을 어렵다고

| 돈 버는 체질을 만드는 이론 |

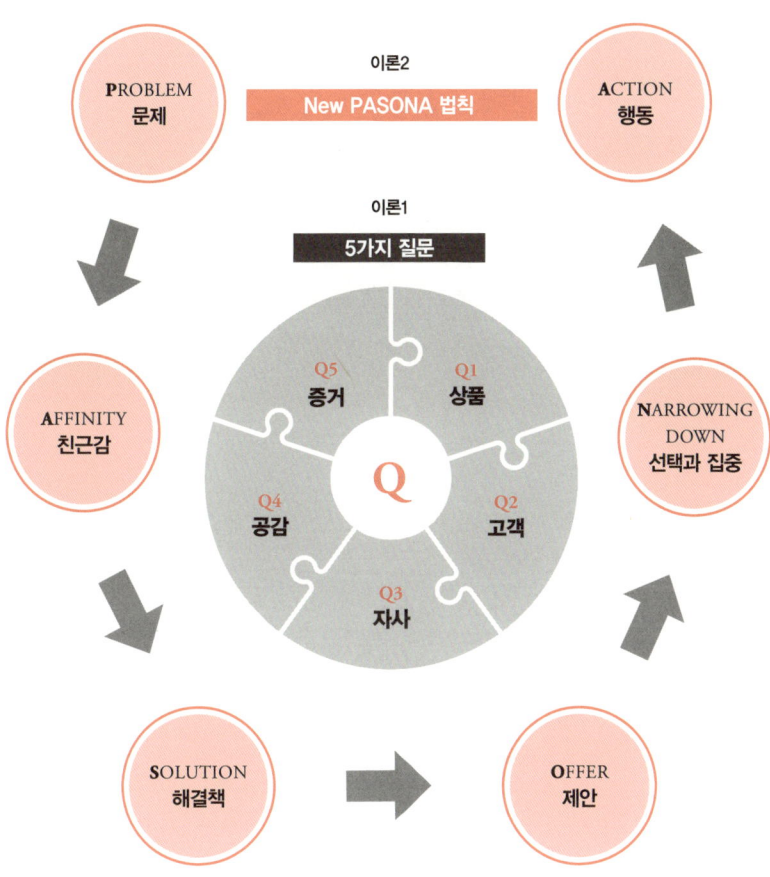

진실의 순간에는 반드시 말이 있다.

생각하는 사람은 되도록 두 번 읽기를 바란다. 단기간에 성과를 낼 수 있을 것이다. 우선 전체적으로 한 번 읽고, 두 번째 읽을 때는 펜을 들고 메모를 하면서 읽기 바란다. 나와 클라이언트가 경험한 것처럼, 흥미로운 효과를 체험할 수 있을 것이다.

그러면 지금부터 누구(Who)와 무엇(What)을 이끌어내는 도구인 '5가지 질문'에 관해 이야기하겠다.

상품이 팔리게 하려면 대체 무슨 말을 하면 될까? 실제로 '팔리는 과정'을 생각해보자. 우선 '사과를 파는' 상황을 상상해 보길 바란다.

"하하하, 사과가 다 똑같은 거 아닌가요?"

이렇게 되묻는 사람이 있을지도 모르겠다. 글쎄, 얼마나 차이가 생길까. 지금부터 실천이다. 당신 주위에 처음 만난 사람 100명이 있다고 치자. 그 사람들에게 사과를 팔려면 뭐라고 말하면 좋을까? 가령 당신이 다음과 같이 말한다고 해보자.

"여러분, 이 사과 어떠세요?"

아마 아무도 사과를 사지 않을 것이다. 왜일까? 어떤 사과인지 모르니까 누가 사고 싶은지 아무도 모른다. 그래서 당신은 사람들에게 사과의 매력을 알리기 위해 어떻게 설명할지 생각하기 시작한다.

'충주산'이라고 산지를 말하면 어떨까? '당도 13'이라고 표현해볼까? '김농부'라고 생산자를 밝혀볼까? 증정용으로 보기 좋은 사과만 골라볼까?

　이처럼 상품에 관한 정보를 이해하면 할수록 그냥 1,000원 정도로밖에 보이지 않던 사과의 가치가 점점 올라간다. 즉 상품의 가치는 그 상품에 관한 정보를 어떻게 이끌어내고 어떻게 배열하는지에 따라 결정되는 것이다.

　다음 표현을 서로 비교해보자.

[표현1]
"맛있는 사과, 어떠세요? 여기 있는 사과가 하나하나 다 맛있을지는 잘 모르지만요. 뭐, 슈퍼에서 파는 것보다야 맛있을 겁니다. 아마도요. 흠, 그리고 국산이니까 안심하고 드실 수 있어요. 자, 사과 사 가세요."

[표현2]
"여기 맛있는 사과가 있습니다. 충주에 있는 행복사과농원에서 온 사과입니다. 김농부 씨가 직접 재배한 사과인데요. 이 농원 옆에는 송사리가 헤엄치는 엄청나게 깨끗한 강이 흐르고 있고, 6월이 되면 반딧불이도 막 반짝반짝거리면서 날아다니는 곳이에요. 5살짜리 어린아이들이 '사과는 맛없어서 싫어' 이러면서 과자만 먹죠? 이 사과를 한 번만 먹여

보세요. 너무 맛있어서 과자는 입에도 안 댈 겁니다. 진짜 맛있어요. 사과를 잘라보면 안쪽까지 꿀이 박혀 있고, 과즙이 줄줄 흘러요. 한 번 드시면 사과에 대한 개념이 달라질 겁니다. 아, 그리고 아까 말씀드린 김농부 씨는 '밭 일구기 전문가'인데요, 전국 농가를 다니면서 강의도 하시는 분이랍니다."

같은 사과인데도 표현하는 말에 따라서 고객에게 줄 수 있는 인상이 이렇게까지 달라진다는 것을 알겠는가. 그렇지만 중요한 것은 이렇게 열심히 설명한 사과가 과연 '팔릴 것인가' 하는 점이다.

그렇다면 [표현2]처럼 설명한다면 이 사과는 팔릴까? 미안하지만, 팔리지 않는다. 그 이유는 설명을 들었을 때 정확하게 알기 어렵기 때문이다. 나의 경험에서 보자면 매출이 오르지 않는다고 상담하러 오는 사람들은 대부분, 그 원인의 80%가 '상품 설명이 어렵다'였다.

많은 판매자가 상품에 대해서 얘기하기 시작하면, 끊임없이 줄줄 설명을 늘어놓는다. 그러나 대체 하고 싶은 말이 무엇인지 끝까지 들어도 모르겠다. 그래서 알기 쉽게 설명할 수 있도록 내가 반드시 물어보는 것이 바로 '5가지 질문'이다.

1장

돈 되는 말을 찾아내는
5가지 질문

팔려고 하는 상품의 특징은 무엇인가?

첫 번째 질문으로 상품의 특징을 알기 쉽게 안내해보자.

[질문1] 당신의 상품은 정확히 어떤 상품인가?
20초 안에 특징 2가지를 직감적으로 알 수 있도록 설명한다면?

20초 이내로 설명해야 하는 이유는, 어떤 한 가지 사실에 사람이 귀를 기울일 수 있는 시간은 TV CF와 마찬가지로 15초, 길어도 20초이기 때문이다. 또 그와 동시에 2가지 특징을 꼽도록 한다. 왜 2가지일까? 그것은 한 가지 특징으로는 너무 모호해서 소비자가 이미지를 떠올리기 어렵기 때문이다. 사과를 예로 들어보자.

특징1)

충주, 행복사과농원

이처럼 한 가지 특징만 들으면 이미지를 떠올리기 어렵다.

특징2)

송사리가 헤엄치는 맑은 강

이 사실을 덧붙여서 표현하면 이렇게 된다.
"충주에 있는 행복사과농원, 송사리가 헤엄치는 맑은 강 가까이에 있는 농원에서 재배했습니다."

이처럼 특징을 하나만 더 말해도 이미지가 좀 더 또렷하게 머릿속으로 그려진다. 처음에는 누구나 이 질문을 듣고 20초 안에 설명하기는 어렵다.

그렇다면 어떻게 하면 알기 쉽게 설명할 수 있는 말을 발견할 수 있을까? 그 비결을 알려주겠다.

— 3분이 걸려도 좋으니 일단 자신의 상품을 누군가에게 설명해본다.
— 그리고 마지막에 자연스럽게 입에서 튀어나오는 말에 주목한다.

이건 브레인스토밍에서 '마지막에 중요한 메시지가 나온다'는 경험을 활용한 것이다.

사과의 경우는 어떨까? 앞에서 밝힌 [표현2]의 끝부분 설명에서 나온 '마지막 표현'을 보자.

"아, 그리고 아까 말씀드린 김농부 씨는 '밭 일구기 전문가'인데요, 전국 농가를 돌아다니면서 강의도 진행하시는 분이랍니다."

이처럼 마지막에 입에서 나온 말에서 특징을 찾아 덧붙이면 이렇게 된다.

"송사리가 헤엄치는 맑은 강 부근 농원에서 밭 일구기 전문가 김농부 씨가 재배했습니다."

이 정도면 20초가량 된다.

그러면 이번에는 소비자가 사과를 사줄 것인가? 실제로 이런 카피가 매장에 적혀 있다면 그 앞을 지나가는 사람은 손을 뻗을까? 아니다. 아직 사진 않을 것이다. 그렇지만 흥미를 갖는 사람은 생길 수도 있다.

유감이지만, 상품을 알기 쉽게 표현하기만 해서는 흥미를 갖게 할 순 있어도, 소비자가 지갑에서 돈을 꺼내게 하는 단계까지 가긴 어렵다. 흥미를 갖는 것과 돈을 내는 것 사이에는 아직까지 '넘기 어려운 높은 벽'이 있다.

이 상품을 원하는 소비자는 누구인가?

그런데 이 사과가 순식간에 팔려버리는 경우가 있다. 매장에 있는 고객들이 모두 '너무나 배가 고픈' 경우이다. 즉, 소비자가 '절박한 필요성'이 있는 경우에는 반드시 산다. 그렇기 때문에 당신의 상품은 너무나도 갖고 싶어 하는 사람을 대상으로 판매해야 한다. 그래서 다음 질문은 이것이다.

[질문2] 20초 동안 이 상품을 설명했을 뿐인데 "제발 저에게 그 상품을 팔아주세요"라고 간절히 부탁하는 소비자는 누구일까?

'간절히 부탁하면서까지 돈을 내는 경우가 어디 있어?'라고 생각할지도 모르겠다. 그렇다. 이건 어디까지나 알기 쉽게 설명하기 위한 비유이다. 그렇다면 어떤 경우에 소비자는 '제발 부탁이니, 저에게 그 상품을 팔아주세요'라고 간절히 부탁할까?

사람이 행동을 하게끔 만드는 요인에는 2가지가 있다.

하나는 '고통을 피하기 위해 (팔아주세요.)'

다른 하나는 '쾌락을 얻기 위해 (팔아주세요.)'

그리고 매출을 올리기 위해서는 '고통을 피하기 위해' 행동하는 사람을 공략하는 것이 훨씬 더 효과적이다. 물론 '예쁜 옷을 사고 싶어', '좋아하는 가수의 콘서트에 가고 싶어'와 같이 '쾌락을 얻기 위한' 욕구 때문에 행동하는 사람도 많다. 그러나 이런 욕구는 좀 미루거나 참아도 일상생활에 크게 지장을 주지는 않는다.

그렇지만 고통은 그대로 놔둔다면 일상생활이고 뭐고 잘못하면 생명에까지 지장을 준다. 따라서 자신이 고통을 피해야만 하는 상황에 있다는 것을 깨닫고 그것이 어떤 상품을 구입함으로써 해소되는 경우, 고객은 "제발 팔아주세요"라고 말할 정도로 진지하게 구입하고 싶어 하는 것이다.

'그렇지만 고통을 피하게 하려고 상품을 판다는 게, 마치 손님을 위협해서 물건을 팔라는 것 같아서 저는 좀 꺼려지네요.'

이런 생각이 드는가? 그 말이 맞다. 바로 그거다! 오해를 피하기 위해 말해두겠는데 고통을 피하는 제안을 하라는 것은 고통을 부채질하라는 뜻이 아니다. 고객의 아픔을 나를 위해 이용해서는 안 된다. 그런 이기적인 마음으로 비즈니스를 한다면 요즘 같은 시대에는 금방 안 좋은 소문이 퍼질 것이고, 시장에서 바로 퇴출될 것이다. 그게 아니라 '고객의 아픔을 내 아픔처럼 느낄 수 있는 감성'이 중요하다는 말이다.

중요한 얘기니까 반복하겠다. 고객의 아픔을 내 아픔처럼 느낄 수 있는 감성을 당신이 과연 갖고 있는가? 이것이 팔기 위한 커뮤니케이션을 위해 갖춰야 할 가장 중요한 자질이다. 그렇다면 사과를 예로 들었을 때 어떻게 하면 '고객의 아픔'을 느낄 수 있을까?

일반적으로 생각한다면 '사과'와 '고통'은 아무런 관계가 없을지도 모른다. 그렇지만 연습이라 생각하고 [질문2]에 대한 대답을 생각해보자.

[대답 예시1] 건강 지향 – 본인용

 판매 타깃 – 건강을 위해 매일 채소 주스를 갈아 마시는 주부.

 타깃의 욕구 – 식재료 하나를 살 때도 늘 꼼꼼히 살펴보고 좋은 물건에는 돈을 아끼지 않는다. 현재 채소와 함께 갈아서 마시기 좋은, 믿을 만한 주스용 사과를 찾고 있다.

[대답 예시2] 안전 지향 – 자녀용

판매 타깃 – 아이가 천식과 아토피로 고생하고 있어 사과가 좋다는 얘기를 의사한테 들은 어머니.

타깃의 욕구 – 왁스나 농약을 최대한 사용하지 않고, 생산자도 확실히 알 수 있는 믿을 만한 사과를 아이에게 주고 싶다.

[대답 예시3] 선물용

판매 타깃 – 첨가물이 잔뜩 들어간 과자밖에 먹지 않는다는 친구의 아이에게 선물할 사과를 찾고 있는 사람.

타깃의 욕구 – 본인의 가족도 이 사과를 먹고 식생활이 상당히 개선되었기 때문에 추천해주고 싶다.

[대답 예시4] 프로용 식재료

판매 타깃 – 애플파이가 맛있기로 소문난 제과점의 파티시에.

타깃의 욕구 – 최근 자신의 가게 옆에 라이벌 가게가 등장해, 산지 직송 유기농 사과를 써서 품질의 차별화를 꾀하고 싶다.

이렇게 되면 [질문2]에 대한 대답으로 다음과 같은 문장을 만들 수 있다.

'아이가 천식과 아토피로 고생하는데, 의사한테 사과가 좋다는 얘기를 들은 엄마. 왁스나 농약을 되도록 사용하지 않고 생산자도 확실히 알 수 있는, 믿을 만한 사과를 아이에게 주고 싶은 사람. 자녀의 건강을 생각하고, 가족에게는 좋은 식습관을 갖게 해주고 싶은 사람.'

이와 같이 사과를 제안하는 데 있어서도 단순히 '맛있는 과일을 먹고 싶다'는 욕구에만 초점을 맞추지 않고 '뭔가 힘든 일, 곤란한 일은 없는지' 고객의 '아픔'에 주목한다면 같은 사과를 가지고도 전혀 다른 제안을 할 수 있다는 점을 알게 된다. 고객에 대해서 깊이 고민한다면 그들이 말하지 못했던 아픔이 느껴지기 때문에 고객이 받아들이는 가치를 자연스럽게 끌어올릴 수 있는 것이다.

[질문1]과 [질문2]로 누구보다도 빠르게 '상품'과 '고객'에 관한 정보를 모을 수 있었을 것이다. 그리고 이렇게 내가 주는 상품과 고객이 원하는 욕구가 일치했을 때, 비즈니스를 통해 최고의 커뮤니케이션이 성립된다.

— 상품에 대한 지식은 '제공하는' 가치를 끌어올린다.

| '돈이 되는 커뮤니케이션'의 본질 |

[질문2]로 얻을 수 있는 효과

'고객'에 대한 지식이 깊어져 같은 상품이라도 높은 가치를 제공할 수 있다.

[질문1]로 얻을 수 있는 효과

'상품'에 대한 지식이 깊어져 같은 상품이라도 높은 가치로 받아들일 수 있다.

오고 가는 '말' 속에서 상품 가치가 결정된다.

— 고객에 대한 지식은 '받아들이는' 가치를 끌어올린다.

양측이 교환하는 가치, 즉 가격이 최대화된다. 다시 말하면 가격은 '상대를 생각하는 감정의 깊이'에 따라서 크기가 정해지는 것이다.

상품을 만든 회사는 믿을 만한가?

팔아야 할 물건이 무엇인지, 누구에게 팔 것인지를 묻는 2가지 질문의 결과로 판매 과정의 윤곽이 드러나기 시작했다.

— 팔아야 할 것: 밭 일구기 전문가 김농부 씨가 깨끗한 강이 흐르는 농원에서 재배한 명품 사과
— 판매 타깃: 자녀의 건강을 생각하는 주부

이런 전제를 두고 사과에 대한 설명을 고심해본다면 다음과 같이 표현할 수 있다.
"자녀에게 자연을 맛보게 해주세요! 깨끗한 강이 흐르는 충주 행복사과농원에서 아이들 간식으로 좋은 명품 사과가 왔습니다."

자, 이런 광고 카피로 얼마나 많은 사람이 사과를 살 것인가? 대상자, 즉 '자녀의 건강을 생각하는 주부'가 있다면 관심은 갖겠지만, 아직 사는 단계까지는 이르지 않을 것이다. 이유에는 2가지가 있다. 하나는 가격을 모르기 때문이고, 또 하나는 판매자가 누군지 모르기 때문이다. 소비자가 원하는 가격을 판매자가 동의한다면, 또는 그 반대의 경우라도 어떤 물건이든 팔리게 되어 있다.

그러나 현실적으로 소비자는 다른 곳에서 더 싸게 살 수 있을지도 모르기 때문에 최대한 싸게 사려고 하고, 판매자도 손해를 보고 싶지 않기 때문에 양측의 이해관계가 웬만해서는 일치하기 어렵다. 이럴 때 거래를 원활하게 진행시키기 위해 꼭 필요한 것이 당신 회사의 '신뢰성'이다. 그리고 그 신뢰성을 표현하는 말을 찾아내는 것이 [질문3]이다.

[질문3] 비슷비슷한 회사가 많은데 기존 고객은 왜 우리 회사를 선택했는가? 같은 상품을 판매하는 다른 회사도 많은데 왜 기존 고객은 우리 회사에서 파는 상품을 사기로 했는가?

이 질문의 포인트는 '기존 고객이 왜 우리 회사를 선택해주었는가?'이다. 앞으로 물건을 사게 될 신규 고객이 우리 회사를 선택하는 이유가 아니라, 기존 고객이 우리 회사를 선택한 이유를 알고 싶은 것이다. 왜냐하면 무엇이 자기 회사의 강점인지 잘 모르는 사람이, 알고 보면 굉장히 많기 때문이다.

사원은 '기능이 좋거나 가격이 저렴해서 (우리 회사 상품이) 팔리고 있다'고 생각하지만, 실제로 고객에게 물어보면 전혀 다른 대답을 하는 경우가 많다. 예를 들어 '거래처에 우량 기업이 많아서'가 이유일 수도 있고, '부모님 때부터 쭉 거래를 해왔던 곳이라서'가 이유일 수도 있다. 이처럼 기능이나 가격보다도 고객은 가장 신뢰할 수 있는 회사의 상품을 사는 경우가 많다.

여기서 중요한 것은 당신 회사의 무엇이 좋은 평가를 받고 있는지 기존 고객의 관점에서 생각하고, 그 대답을 신규 고객에게 제대로 전달할 수 있는 말을 찾는 것이다. 신뢰받는 관계 형성을 위해서는 다음과 같은 사실이 도움이 된다.

- 후기(고객의 목소리)
- 사장, 사원의 얼굴 사진
- 회사 이력
- 거래처 리스트
- 유명한 사람의 사진
- 매스컴에 실린 기사
- TV 광고, 신문 광고

| 중요한 '상품·고객·회사' 3가지 이해 |

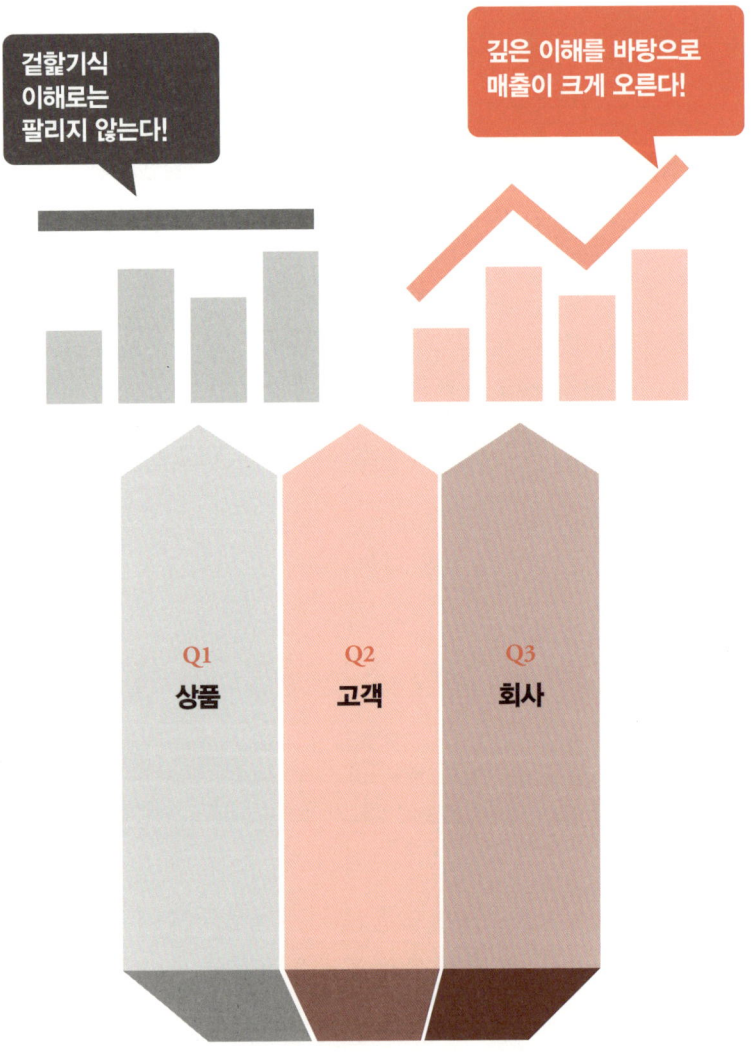

— 연구 논문
— 수상 이력
— 직함, 학력
— 사회 공헌을 위한 노력

사과를 예로 들어보자.

"5성급 유명 호텔의 공식 지정 사과주스, 국제 파티시에 대회 금상을 차지한 애플파이에 사용된 사과가 바로 저희 농원에서 재배한 사과입니다."

이런 사실이 있다면 이것을 전면에 내세워야 안심하고 거래할 수 있는 환경이 마련된다.

[질문1]로 '상품'을 알았다. [질문2]로 '고객'을 알았다. 그리고 [질문3]으로 당신은 당신의 '회사'를 알게 된다. 이 3가지를 이해하고 신뢰할 수 있는 환경이 마련되었을 때, '말'을 이용해 물건을 팔 수 있는 환경이 생겨나는 것이다.

고객의 공감을 얻고 있나?

여기까지 왔다면 이제 고객이 사주지 않을까 싶겠지만, 여기서 더 깊이 들어가서 생각한다면 지금까지 깨닫지 못했던 것을 발견하고 더 많은 정보를 끌어낼 수 있다. 이때 필요한 것이 바로 [질문4]이다.

[질문4]　고객은 어떤 상황에서 크게 소리를 지를 정도로 분노할까? 어떤 일에 밤에 잠도 못 잘 만큼 고민하고 불안을 느낄까? 어떤 일에 참지 못할 정도의 욕구가 생길까? 그 '분노, 고민, 불안, 욕구' 등 고객이 느끼는 상황을 '오감'을 이용해 묘사한다면?

고객의 아픔을 자신의 아픔으로 느끼고 고객과 마음을 나눌 수 있는 단계라고 해도 좋을 것이다.

고객이 남모르게 심각한 고민을 하고 있는 것이 있다면, 그건 무엇일까? 예를 들어 사과의 경우를 살펴보자.

'요즘에는 믿고 먹을 수 있는 게 별로 없는 것 같아 고민이다. 농약, 제초제, 유전자 조작도 그렇고. 꽃가루 알레르기나 아토피가 늘고 있는 것도 걱정이지만, 그보다 더 걱정되는 것은 '음식에 대한 추억'이 없어진다는 점이다. 내가 어렸을 때는 시골에서 할머니가 잎사귀가 붙어 있는 사과를 보내주셨지. 엄마가 사과를 깎기 시작하면 사과나무에 새들이 모여들듯 형제들이 모두 엄마 주위에 모여들곤 했었어. 생각해보면 그때의 기억이 참 따뜻하고 좋았던 것 같은데. 그런데 지금 우리 애들은 과연 사과에 대한 추억이 있을까?'

이와 같이 고객의 마음속을 자세히 상상해본다면 고객은 '이 회사는 내 마음을 어떻게 이리도 잘 알고 있지?'라며 감탄할 것이다. 상품 판매를 그저 비즈니스로만 생각하는 다른 회사와는 크게 차별화되는 것이다.

"잠깐만요. 그런데 그건 사과를 파는 일이랑은 아무 상관이 없잖아요. 그걸 표현해봤자 누가 사과 얘기에 그렇게까지 귀를 기울여줄까요? 잎사귀가 붙어 있든 말든, 가족이 단란했던 추억이 있든 말든 그런 이야기로 매출이 달라질까요?"

당신은 그렇게 말할지도 모르겠다. 하지만 저 글을 읽었을

1부 돈 버는 체질을 만드는 이론 43

때 어땠는가. 읽으면서 자기도 모르게 예전에 먹었던 사과에 대한 기억이나 가족과 즐거웠던 추억을 떠올리지는 않았는가? 이렇게 다른 사람의 마음을, 아픔을 이해하기 시작하면 그것이 나의 아픔으로 바뀌고 내가 갖고 있는 상품을 통해서 내가 할 수 있는 일이 없을까 찾게 된다. 그러면 신기하게도 사과가 팔리고 말고는 중요하지 않다는 생각이 들면서 어떤 사람은 이런 생각을 할지도 모른다.

'그래, 가족에게 추억을 만들어주겠다는 마음으로 사과를 팔면 어떨까? 생산자인 나의 가족을 사랑하는 마음으로, 고객과 고객의 가족을 사랑하는 마음으로, 농약이나 왁스를 되도록 쓰지 않고 자연에서 재배한 신선한 사과를 고객에게 드릴 수는 없을까? 이익을 올리는 상품이 아니라 진짜로 사랑하는 가족이 먹었으면 하는 사과를 만드는 거야. 그래! 사과를 통해서 사랑이 넘치는 가족의 추억을 만드는 것. 그게 내가 이 일을 하는 진정한 목적인 거야!'

이처럼 고객의 마음속을 진지하게 생각해본다면 내 마음속까지 들여다보면서 결과적으로 나밖에 할 수 없는 일이 떠오르게 된다.

"사랑하는 가족이 안심하면서 먹을 수 있고 건강에도 좋은 사과를 만드는 것이 제 신념입니다."

이런 말을 진심을 담아 표현한다면 어느 정도의 사람이 이 사과를 먹고 싶어 할까? 다른 회사에서는 고객 생활의 극히 일부분에 지나지 않는 사과를 상품으로 판매하지만, 당신의 회사는 고객과 함께 가족의 추억을 만들기 위한 사업을 시작한다. 그 결과, 한 번 구매해서 만족한 고객은 단순히 그 한 번으로 그치는 것이 아니라 평생에 걸쳐 당신의 회사와 함께하게 될 것이다.

고객을 안심시킬 수 있는 증거는 무엇인가?

 과장해서 말하면 상품과 서비스를 구입한다는 것은 고객에게 있어서는 '내가 갖고 있는 문제를 해결하는' 것이다. 더 과장해서 말하면 '현재의 나'에서 '새로운 나'로 변화하는 것이다. 그 상품과 서비스가 아무리 자신에게 '좋은 변화'라 하더라도 사람은 변화할 때 신중해진다. 어떤 변화든 장점과 단점이 있기 때문이다.
 따라서 그 해결책(상품과 서비스)이 바람직한지 일단 감정적으로 판단한 다음, 이것을 선택하는 것이 정말로 올바른 판단인지 이성적으로 검토한다. 이때 정보가 부족하면 그 해결책이 오히려 자신에게 도움이 안 된다는 것을 증명하려고 한다. 그래서 상품과 서비스를 구입함으로써 생기는 '자신의 변화'에 대해, 될 수 있는 한 고객이 안심할 수 있게 사전에 충분히 구매 판단에 도움이 되는 정보를 제공해야 한다. 그 정보를 이끌어내는 것이 바로 [질문5]이다.

[질문5] 왜 이 상품은 고객의 고민을 쉽고 빠르게 해결할 수 있는가? 이 대답을 들으면 고객은 어떤 의심을 하게 될까? 고객이 의심을 떨쳐버릴 수 있는 '구체적이고 효과적인' 증거는 무엇인가?

사과를 예로 말하면, 여기서 생각해야 할 증거는 '당도 몇'이라든가 '크기'와 같은 상품 자체의 기능 표시가 아니다. 또 회사의 신뢰성을 나타내는 '수상 이력'이나 '회사 연혁'도 아니다. '사랑하는 가족의 추억이라는 종합적인 가치를 제공하고 있다'와 같은 '사실'이 필요한 것이다. 가장 효과적인 증거는 '고객의 후기'와 '사진'이다.

이 경우, '고객의 후기'가 꼭 사과의 맛을 칭찬하는 내용일 필요는 없다.

'엄마에게 생일 선물로 보내드렸더니 무척 좋아하셨어요.'
'구운 사과, 애플파이, 어떤 음식을 해도 아이들이 다 잘 먹어요.'
'다음에 이 농원에서 사과 따기 체험을 하려고요.'

그리고 '사과로 달려드는 유치원생들', '사과나무 아래에서 사과를 베어 물고 있는 가족', '할머니, 엄마, 나 3대가 사과를 들

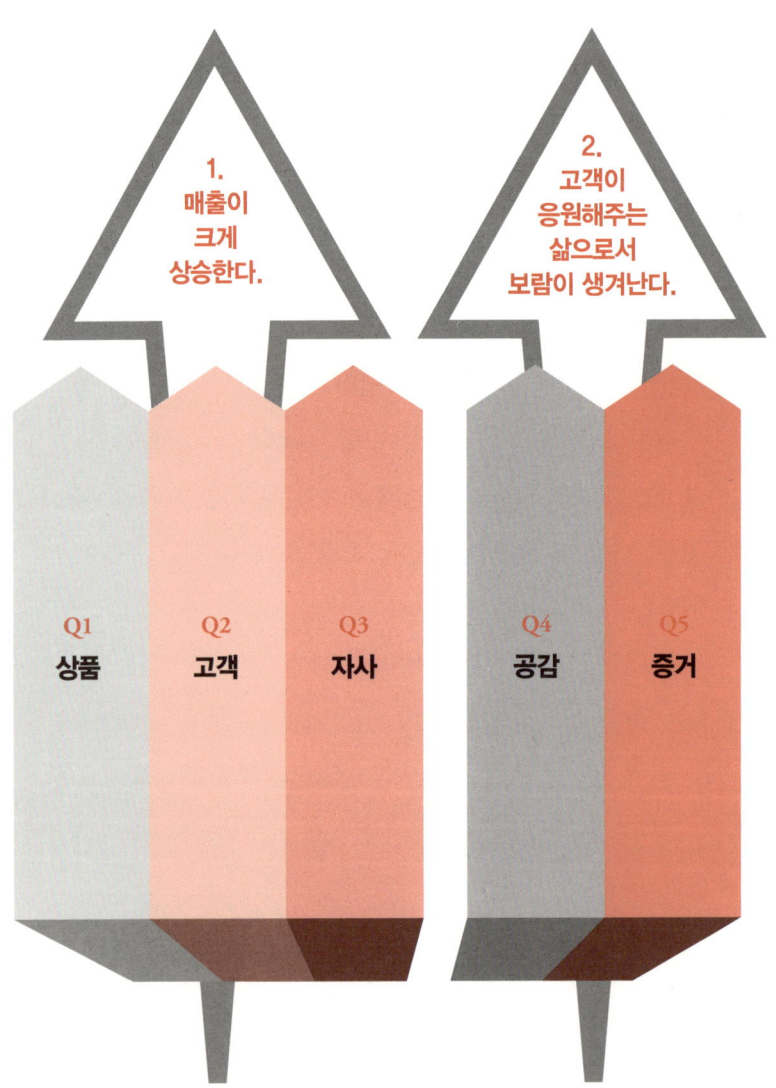

고'와 같은 주제의 사진이면 된다. 또 '감기에 걸렸을 때에도 아이를 웃게 해주는 진저 애플사이다 만드는 법'과 같은 요리법을 싣는 것도 효과적이다.

이러한 작업을 억지로 하게 되면 '이런 것까지 일일이 생각해야 돼?'라는 귀찮은 생각이 들 수도 있다. 그렇지만 자신의 '인생 직업'이라는 인식이 확실한 경우에는 이런 작업이 더없이 기쁠 것이다. 상품을 홍보하는 일이 고객을 기쁘게 한다면, 그 고객의 기쁨이 고스란히 나에게 자신감으로 돌아온다. 즉, 일이 내 인생의 표현 활동이 되는 것이다.

이상이 클라이언트의 제품이 잘 팔릴 수 있도록 필요한 정보를 20분 이내로 끌어낼 수 있는 '5가지 질문'이다. 20년에 걸친 나의 경험에서 우러나온 최소한의 질문 세트이다. 사용해보면 알겠지만, 단순히 매출을 올리고 싶어서 기술적으로 이 질문을 사용하더라도 고객의 마음을 깊이 생각하게 되고 결과적으로 나 자신의 내면까지 들여다볼 수 있다. 이것을 통해 사업의 존재 의의를 생각하고, 새로운 인식을 갖고 사업을 재구성하는 과정을 알 수 있을 것이다.

나의 책은 단언하건대, 사용하면 확실히 효과가 있고, 돈이 따라온다.

그래서 간혹 내가 '돈 이야기밖에 안 하는 사람'이라고 오해받는 경우도 있어 미안할 때가 있다. 돈을 벌기 위한 기술로 보이겠지만 이것은 '입구'에 불과하다. '출구'는 당신 자신의 변화를 통해 세계를 변화시키는 것이다.

2장

돈 되는 말의 흐름을 만드는 방법

'New PASONA 법칙'이란 무엇인가?

지금까지 '5가지 질문'을 살펴보면서 상품과 고객, 회사를 심도 깊게 이해했다. 또 이것을 이용해 고객에게 다른 회사와는 차별되는 제안을 할 수 있는 요소, 즉 누구(Who)에게 무엇(What)을 말할지를 알 수 있게 되었다. 그리고 드디어 이번에는 그 요소를 고객에게 전달하는 순서(When)를 배울 차례이다.

1999년, 나는 이 전달 방법에 'PASONA(파소나) 법칙'이라는 이름을 붙인 바 있다.

— **P**roblem(문제)
— **A**gitation(선동)
— **S**olution(해결책)
— **N**arrowing(제한)

— Action(행동)

'PASONA'는 이 영단어들의 머리글자를 딴 것이다. 우선 '고객이 안고 있는 문제'를 보여주고, 그 문제를 더 상세하게 '드러나게 한다.' 그다음에 팔려고 하는 상품과 서비스 내용을 '해결책'으로 말하고, 나아가 더욱 필요성을 강조하기 위해 항목에 '제한'을 두고, 마지막으로 '행동'(상품과 서비스의 구입 또는 문의 등) 방법을 제시한다.

이것이 고객이 문장을 읽었을 때 구매 의욕이 생기는 가장 적합한 순서라는 것을 깨달았다. '5가지 질문'과 마찬가지로 'PASONA 법칙'도 이론부터 생겨난 말이 아니라 실제 경험에서 생겨난 것이다.

나는 매일 고객의 광고와 다이렉트 메일을 첨삭해주다가 몇 가지 문장이 계속해서 등장한다는 사실을 알게 되었다. 이 문장에는 공통점이 있었고 나는 그것을 패턴으로 만들었다.

패턴으로 만들기는 했지만 처음에는 개별 상품이나 업계에 따라 다를 거라고 생각했다. 그래서 큰 기대를 하지 않고 나의 고객에게 가볍게 사용을 제안했는데 예상 외로 폭발적인 호응을 얻었다. "소비자의 반응이 급증했다"는 소리가 계속해서 들려왔던 것이다.

'패턴으로 만든 공식'을 알려주기만 했을 뿐인데, 내가 일

일이 첨삭하지 않아도 매출이 오르기 시작했다. 사실 나는 정말 놀랐다. 이런 단순한 공식으로 매출이 오른다면 대체 왜 많은 회사들은 이것을 모르고 있는가.

조사를 해보니 실제로 이 노하우는 기본적으로 문제 → 해결이라는 방식으로 세일즈 세계에서는 꽤 잘 알려져 있는 모델이었다. 이 일반적인 모델은 많은 책으로 출판되어 있었지만, 설명이 너무 간략해 실제로는 상당히 사용하기 어렵게 되어 있었다. 그래서 나는 실질적으로 쓰일 수 있도록 '최소한의 항목'으로 간추려서 그것을 기억하기 쉽게 법칙으로 만들기로 했다.

사실 이런 공식도 일반화되기 시작하면 점차 통용되지 않게 마련이다. 그렇지만 17년이 지난 지금도 이 공식을 알게 된 고객한테서 감사 편지를 받고 있다. 그만큼 시대에 좌우되지 않는, 불변하는 노하우인 셈이다.

이 'PASONA 법칙'은 지금까지 글로 옮겨서 서적으로 출판한 적이 한 번도 없다. 형식은 흉내 낼 수 있어도 효과를 내기 위해서 악용될 가능성도 있기 때문이었다. 실제로 인터넷을 찾아보면 이 법칙을 잘못 이해하고 사용하는 경우를 종종 볼 수 있다. 개발자인 내 입장에서는 이 상황을 그냥 두고 볼 수만은 없었다. 그래서 그간의 오해를 불식시키고 시대의 흐름에 맞게 다시 다듬어 최초로 공개하기로 결정했다. 그것이 바로 'New PASONA 법칙'이다.

New PASONA 법칙

Problem 문제	P	구매자가 직면한 문제 또는 고객이 간절히 원하는 욕구를 명확하게 짚어낸다.
Affinity 친근감	A	구매자와 같은 아픔 또는 같은 욕구를 갖고 있다는 것을 스토리와 오감을 통해 묘사한다.
Solution 해결책	S	문제를 해결할 수 있거나 욕구를 실현할 수 있는 방법이 있다는 것을 알린다.
Offer 제안	O	구체적인 제안을 한다. 샘플, 모니터, 테스트, 가격, 혜택을 명시한다.
Narrowing down 제한	N	제안을 받아들이면 문제를 해결할 수 있거나 욕구를 실현할 수 있는 사람이 충족시켜야 하는 조건을 말한다.
Action 행동	A	긴급하게 행동해야 하는 이유를 말하고, 행동을 촉구한다.

'구 PASONA 법칙'에서 바뀐 것은 A가 Agitation(선동)에서 Affinity(친근감)이 된 것이다. 그리고 Solution(해결책)에서 SO를 따왔던 것을, O를 독립(더욱 중시)시켜 Offer(제안)로 만들었다. 바꾼 이유는 간단하다. 요즘에는 고객을 '선동'하기보다 고객과의 '친근감'에 더 주목해야 하기 때문이고, '제안'이라는 요소도 상당히 중요해졌기 때문이다.

'New PASONA 법칙' 실행하기

일단 앞서 '5가지 질문'으로 밝혀진 사항을 정리해보겠다.

[질문1]
'당신의 상품은 정확히 어떤 상품인가? 20초 이내에 특징 2가지를 직감적으로 알 수 있도록 설명한다면?'에 대한 대답
'송사리가 헤엄치는 맑은 강 부근의 농원에서 밭 일구기 전문가 김농부 씨가 재배했습니다.'
(상품 내용과 해결책 제시(S))

[질문2]
'20초 동안 이 상품을 설명했을 뿐인데 "제발 저에게 팔아주세요"라고 간절히 부탁하는 소비자는 누구일까?'에 대한

대답
'아이가 천식과 아토피로 고생하는데, 의사한테 사과가 좋다는 얘기를 들은 엄마. 왁스나 농약을 되도록 사용하지 않고 생산자도 확실히 알 수 있는, 믿을 만한 사과를 아이에게 주고 싶은 사람. 자녀의 건강을 생각하고, 가족에게는 좋은 식습관을 갖게 해주고 싶은 사람.'
(고객이 갖고 있는 문제(P))

[질문3]
'비슷비슷한 회사가 많은데 기존 고객은 왜 우리 회사를 선택했는가? 같은 상품을 판매하는 다른 회사도 많은데 왜 기존 고객은 우리 회사에서 판매하는 상품을 사기로 했는가?'에 대한 대답
'5성급 유명 호텔의 공식 지정 사과주스, 국제 파티시에 대회에서 금상을 차지한 애플파이에 사용된 사과가 바로 저희 농원에서 재배한 사과입니다.'
(제안(O)으로 사용할 수 있는 포인트)

[질문4]
'고객은 어떤 상황에서 크게 소리를 지를 정도로 분노할까? 어떤 일에 밤에 잠도 못 잘 만큼 고민하고 불안을 느낄

까? 어떤 일에 참지 못할 정도의 욕구가 생길까? 그 '분노, 고민, 불안, 욕구' 등 고객이 느끼는 상황을 '오감'을 이용해 묘사한다면?'에 대한 대답

'요즘에는 믿고 먹을 수 있는 게 별로 없는 것 같아 고민이다. 농약, 제초제, 유전자 조작도 그렇고. 꽃가루 알레르기나 아토피가 늘고 있는 것도 걱정이지만, 그보다 더 걱정되는 것은 '음식에 대한 추억'이 없어진다는 것. 내가 어렸을 때는 시골에서 할머니가 잎사귀가 붙어 있는 사과를 보내주셨지. 엄마가 사과를 깎기 시작하면 사과나무에 새들이 모여들듯 형제들이 모두 엄마 주위에 모여들곤 했었어. 생각해보면 그때의 기억이 참 따뜻하고 좋았던 것 같은데. 그런데 지금 우리 애들은 과연 사과에 대한 추억이 있을까?'
(고객의 입장에서 생각하는 친근감(A))

[질문5]

'왜 이 상품은 고객의 고민을 쉽고 빠르게 해결할 수 있는가? 이 대답을 들으면 고객은 어떤 의심을 하게 될까? 고객이 의심을 떨쳐버릴 수 있는 '구체적이고 효과적인' 증거는 무엇인가?'에 대한 대답

'엄마에게 생일 선물로 보내드렸더니 무척 좋아하셨어요.'
'구운 사과, 애플파이, 어떤 음식을 해도 아이들이 다 잘 먹

어요.'

'다음에 이 농원에서 사과 따기 체험을 하려고요.'

(이것도 해결책(S)으로 사용할 수 있다.)

자, 이제 이것들을 'New PASONA 법칙'의 순서에 맞춰 다시 배열해보자.

이때 'N'(Narrowing down-제한)과 마지막 'A'(Action-행동)는 '5가지 질문'에서 이끌어내지 않고 지금까지 나온 요소들을 바탕으로 생각해보기로 한다.

— P: 왁스, 농약 등 때문에 안심할 수 있으면서 기분 좋은 먹을거리 환경을 유지하는 일이 어렵다.
— A: 어렸을 때 시골에서 보내주셨던 그때 그 시절의 사과
— S: 송사리가 헤엄치는 강 부근의 농원에서 밭 일구기 전문가 김농부 씨가 재배한, 가족들이 기뻐한다는 (후기가 있는) 사과
— O: 이번에 처음 주문하는 고객에게는 유명 5성급 호텔에 제공되는 첨가물 없는 사과주스를 선물로 드립니다.
— N: 매년 이 시기가 되면 호텔 및 레스토랑에서 주문이 쇄도하기 때문에 일반 소비자용으로는 수량이 부족

할 수 있습니다.
— A: 상자를 여는 순간 농원의 상쾌한 바람까지 배달됩니다. 지금 바로 주문하세요.

이것을 문장으로 만들어보면 다음과 같은 흐름이 된다.

마법의 사과
가족의 건강을 생각하는 사과 농원에서
가족을 사랑하는 당신에게 보내드리는 선물

사과를 한입 가득 베어 문 아이의 행복한 얼굴
머릿속으로 떠올리기만 해도 참 기분 좋은 광경입니다.
그렇지만 안타깝게도 요즘 아이들은 사과 맛 껌,
사과 맛 막대 사탕을 더 좋아합니다.
자연을 담은 건강한 음식을 먹어야 하는 아이들,
그렇지만 공장에서 만들어진 정크푸드밖에
모르는 아이들도 있습니다.
이 아이들의 몸과 건강은 사춘기를 맞이할 즈음이 되면
얼마나 차이가 날까요?
→ 여기까지 문제(P)

이런 큰 차이를 만드는 것은
어린 시절 겪었던 아주 작은 경험일지도 모릅니다.
혹시 여러분은 이런 추억 없으세요?
어렸을 때 시골 할머니께서 보내주셨던 사과 한 상자,
상자를 여는 순간 상쾌한 사과 향기가
온 집 안 가득히 퍼지고
바로 따서 넣었는지 잎사귀도 그대로 붙어 있는
사과도 있었죠!
→ 여기까지 친근감(A)

자연의 맛을 우리 아이들이 알았으면 하는 마음
그런 마음으로 추천드리는 것이 바로
충주에 있는 행복사과농원에서
밭 일구기 전문가 김농부 씨 가족이
정성 들여 재배한 사과입니다.
→ 여기서 해결책(S) 제시

송사리가 헤엄칠 정도로 맑고 깨끗한 강 부근의 농원
땅의 풍부한 영양소를 듬뿍 먹고 자란
행복사과농원의 사과는
'마법의 사과'라 불린답니다.

속속들이 꿀이 박혀 있는 사과를 칼로 자르는 순간
각자 자기 할 일을 하고 있던 가족들이
일제히 식탁으로 모여들기 때문이죠.
맛있는 자연이 눈앞에 펼쳐지고
가족의 행복한 시간이 시작됩니다.
→ [질문1]에서 이끌어낸 '상품 관련 정보'로 자세한 해결책(S)을 묘사

'엄마에게 생일 선물로 보내드렸더니 무척 좋아하셨어요.'
'구운 사과, 애플파이, 어떤 음식을 해도
아이들이 다 잘 먹어요.'
'다음에 이 농원에서 사과 따기 체험을 하려고요.'
이처럼 이미 구입하신 고객 분들의 후기도
쇄도하고 있습니다.
5성급 일류 호텔 지정 사과주스, 국제 파티시에 대회에서
금상을 차지한 애플파이를 만든 사과가
바로 이 행복사과농원의 사과랍니다.
→[질문5]에서 이끌어낸 '효과적인 증거'로 해결책(S)을
뒷받침한다.

꼭 이 마법의 사과를 드셔보세요.

한 번 맛보면 절대로 잊을 수 없는 지상 최고의 맛을
여러분과 여러분의 소중한 가족들에게 전해드립니다.
→ 여기까지 해결책(S)

중학생 이하의 아이가 있으신 분은 알려주세요.
이번 기회에 사과를 좋아하는 가족이 되길 바라면서
첫 주문 고객님에게 호텔에서 만든 첨가물 없는
사과주스 3병을 특별 사은품으로 드립니다.
→ 여기까지 제안(O)

10월 하순이 사과가 가장 맛있을 때입니다.
호텔과 레스토랑으로 출하되는 양이 많기 때문에
일반 소비자용으로는 500박스 한정 판매입니다.
수량이 부족할 수 있으니
→ 여기까지 제한(N)

지금 빨리 주문해주세요.
→ 여기까지 행동(A)

일반적으로 사과를 판매하고 있는 팸플릿과 비교해보기 바란다.

'국광'과 '딜리셔스'를 교배해서 키운 품종이며, 1962년에 품종 등록된 이래 가장 많이 재배되는 사과입니다. 적당한 산미와 사각사각한 식감이 좋습니다.

자, 당신이라면 어느 쪽에 '친근감'을 느끼고 어느 회사의 사과를 살 것인가. 팔기 위한 사고 트레이닝인 '5가지 질문'과 'New PASONA 법칙'을 알기 전에는 사과 같은 건 어떻게 팔든 그 방식에 차이가 있을 리 없다고 생각하진 않았는가?

그러나 생각을 하면 할수록 나 자신의 체험을 바탕으로 만들어낸, 다른 회사는 도저히 흉내 낼 수도 없는 독자적인 판매 방식을 발견할 수 있었을 것이다. 그 결과, 평범한 사과 하나에서 새로운 세계가 펼쳐지게 되었다.

당신도 많이 고민하고 생각하면서 자신만의 재능을 활용해 새로운 세계를 만들어보길 바란다.

팔리는 메시지를 만드는 3가지 방법

앞에서 보았던 문장 예시는 어디까지나 'New PASONA 법칙'의 사용법을 배우기 위한 연습의 일환이었다. 이 문장을 참고하여 이제 나만의 세일즈 레터를 작성하고 싶다면, 3가지 어드바이스를 참고하기 바란다.

첫 번째 어드바이스는 'New PASONA 법칙'의 순서는 일단 기본형이기 때문에 어느 정도 익숙해진 후에는 순서를 바꿔도 상관없다는 것이다.

고객이 당신에 대해서 전혀 모르는 경우에는 고객의 고민을 해결해주어야 즉각적인 반응을 이끌어낼 수 있으므로 문제(P)부터 접근하는 것이 좋다. 만약 이미 당신을 잘 알고 있는 '단골 고객'이라면 해결책(S)이나 제한(N)부터 접근해도 괜찮다.

예를 들어, '축! 국제 파티시에 대회 금상!'과 같은 강력한 인상을 줄 수 있는 해결책(S)을 먼저 내세운 뒤에 상품에 흥미를 갖도록 '자, 그럼 심사위원들이 절찬한 그 이유를 말씀드리겠습니다'라는 식으로 이야기를 이어나가도 된다.

또 '10월 하순이 사과가 최고로 맛있을 때입니다. 호텔로 출하되기 전에 고객님 분량을 확보해놓을 테니 지금 바로 연락 주십시오'와 같이 제한(N)과 행동(A)부터 접근해도 좋다.

이런 식으로 순서를 바꾸면 당신의 문장은 고객에게 완전히 다른 인상을 줄 수 있으니, 반복적으로 고객에게 같은 상품을 판매할 경우에는 'New PASONA 법칙'의 배열 순서를 바꿔보도록 하자.

두 번째 어드바이스는 해결책(S)에 관한 것이다.

고객은 오로지 자신의 문제를 해결하기 위해서 또는 자신의 욕구를 충족시키기 위해서 상품을 산다. 따라서 고객의 문제를 해결하는 수단으로 당신의 상품을 알려주는 셈인데, 이때에는 고객의 관점에서 최대한 매력적으로 표현해야 한다.

그 표현은 [질문1:상품]과 [질문2:고객], 그리고 [질문4:공감]의 답변을 비교하면서 생각해보기를 추천한다. 왜냐하면 [질문1]에서 나온 상품 설명은 [질문2]의 대상 고객, 그리고 [질문4]로 알게 된 고객의 필요성에 따라 달라질 수 있기 때문이다.

혹시 딱 맞는 적절한 표현이 떠오르지 않는다면, 다시 한 번 '5가지 질문'으로 돌아가 대답을 생각해보자.

그리고 세 번째 어드바이스는, 반복하지만 이 문장은 어디까지나 연습의 일환이라는 점이다. 사과는 '고민을 해결해주는 상품'이라기보다 음식, 패션 등과 같이 '욕구에 의한 충동구매'를 하기 쉬운 상품이므로 실제로 사과를 팔 경우에는 [질문4]에서 이끌어낸 'P: 문제'에 대해서는 기재하지 않는 편이 좋다.

그래서 '혹시 여러분은 이런 추억 없으세요?'를 첫 번째 문장으로 하고, 그 앞의 말들은 모두 사용하지 않기를 추천한다. 무엇보다도 중요한 것은 고객의 아픔을 생각하는 과정을 통해 당신의 상품이 더 큰 사회적 문제를 해결할 수 있다는 사실을 깨닫는 것이다. 그렇게 되면 행간에 당신의 마음이 담길 것이고, 당신의 마음에 공감하는 훌륭한 고객이 모여들게 될 것이다.

'일회성 매출'을 택할 것인가, '평생 가는 고객과의 관계'를 택할 것인가. 'New PASONA 법칙'은 후자를 택하는 사고 프로세스이다. 그리고 당신은 모여든 고객(동지)과 함께 새로운 세계를 만들어나가는 인생 직업을 갖게 될 것이다.

메시지가 전달되는 메커니즘

말에 이러한 '흐름'이 생기면 왜 매출이 상승하는 것일까? 고객이 상품을 구입하게 되는 과정을 표로 나타내면 다음과 같은 곡선이 된다. 세로축은 '행복 지수', 가로축은 '시간'이다.

인간의 행동에는 큰 전제가 있다. 현재와 미래의 차이가 클수록 그 간극을 메우기 위해서 사람은 액션(행동)을 한다는 것이다. 예를 들면, 현재 자신은 불만스러운 상황인데, 미래에 내가 만족할 수 있을 거라는 기대가 있고, 심지어 그 가능성이 상당히 높다는 것을 알았을 때, 비로소 사람은 행동을 한다.

물론 반드시 현재가 불만스러울 필요는 없다. 현재 행복하다고 느끼고 있는 경우에도, 미래에 '더 행복해질 것이다'라고 기대할 수 있는 경우에도 갭이 크기 때문에 행동을 한다. 또 현

| 갭 이론 |

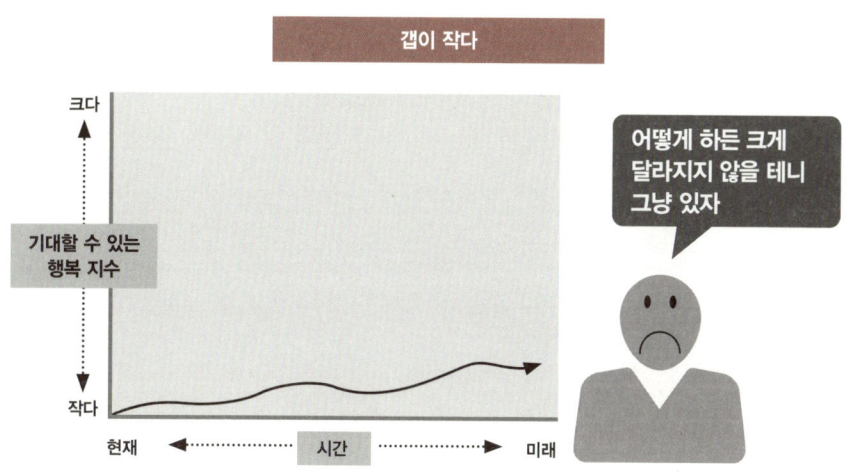

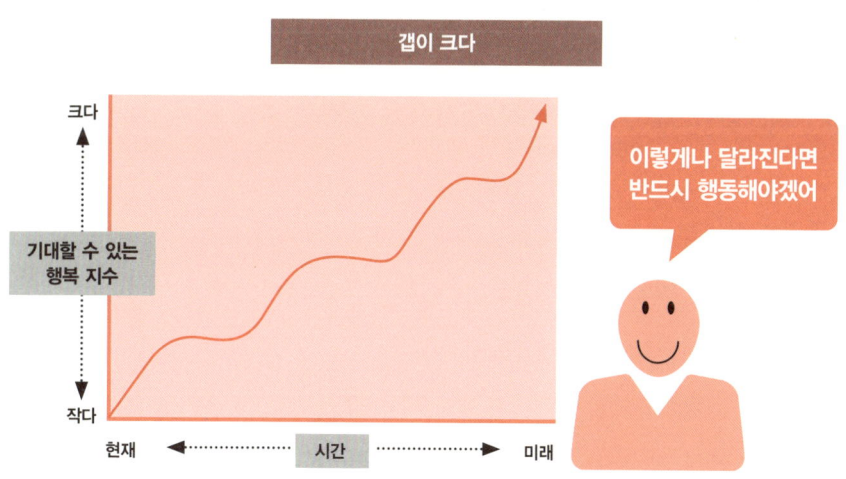

재 극단적으로 불만을 느끼고 있는 사람이 '미래에는 원래대로 돌아갈 수 있다'는 기대가 있는 경우에도 마찬가지로 갭이 크기 때문에 행동을 한다.

그렇지만 갭이 크지 않다면 사람은 현상을 유지하려는 습성이 있다. '따뜻한 물속의 개구리'처럼 변화를 깨닫지 못한 채 결국 물이 뜨거워질 때까지 물속에서 나오지 않는 것이다. 따라서 상품 설명만으로는 고객의 마음이 움직이기엔 충분치 않다. 상품을 구입하기 전과 구입하고 나서 느끼는 만족도 사이의 '갭'을 보여줄 수 없기 때문이다.

일단은 고객이 처한 상황을 고객의 입장에서 충분히 생각한다. 그리고 고객이 마음속으로 불만스러워하고 있는 '갭'을 찾아내어 명확하게 표현한다. 그제야 비로소 고객은 자신의 문제(혹은 욕구)를 깨닫고 밖(판매자)에서 들리는 목소리에 귀를 기울이게 된다. 그렇다면 내가 문제를 인식했을 때 '진지하게 귀를 기울이고 싶은 사람'은 누구일까? 그것은 나와 같은 문제를 경험하고 그것을 극복한 사람이다. 그 사람은 나에게 새로운 세계로 모험을 떠나라고 유혹한다. 주인공은 처음에는 일상에서 벗어나기를 주저하지만, 결국 스스로 결단을 내리고 좁은 문을 통과해 새로운 세계를 체험하게 된다.

눈치가 빠른 사람이라면 이미 느꼈을지도 모르지만 'New PASONA 법칙'은 이처럼 주인공이 역경을 통해 성장해나가는 드라마와도 같다. 즉, 이 드라마에서 판매자는 상품이 가져다줄 새로운 세계를 체험하게 해서 구매자가 주인공이 될 수 있도록 이끌어주는 멘토와 같은 역할을 한다.

앞에서 이야기했듯이 'New PASONA 법칙'은 어디까지나 매출이 극적으로 오른 실질적인 경험을 토대로 생겨난 이론이다. 그렇지만 이 법칙으로 매출이 상승한다면, 판매자는 결코 장사꾼이 아니라 '스토리텔러'가 된다.

주인공은 익숙했던 일상에서 벗어나 작은 문을 통과해 새로운 세계로 모험을 떠난다. 눈앞에 닥친 역경을 하나씩 극복해 나가면서 점점 성장하는 주인공. 그가 마지막으로 맞서게 되는 적은 바로 과거의 자기 자신이다. 어리석었던 과거의 자신을 쓰러뜨린 뒤 주인공은 다시 자신이 있던 세계로 돌아오지만, 그 세계 또한 자신처럼 새롭게 성장했다는 것을 깨닫게 된다. 즉 이 스토리의 테마는 뿔뿔이 흩어져 있던 세계가 다시 통합되어 하나가 되는 것이다.

논문을 쓸 때에도, 국가의 방침을 발표할 때에도, 또 계약서의 조항을 정할 때에도 정해진 형식, 즉 패턴에 따라 문장을 작성하면 설득력이 생긴다. 이것은 단순히 상품을 판매하는 기술이 아니다. 새로운 세계를 구체적으로 실현시켜줄 상품이라는 캡슐 안에 함께 들어 있던 말과 이미지를 밖으로 꺼내어주는 숭고한 행위이다.

2부

돈 버는 체질을 만드는 시스템

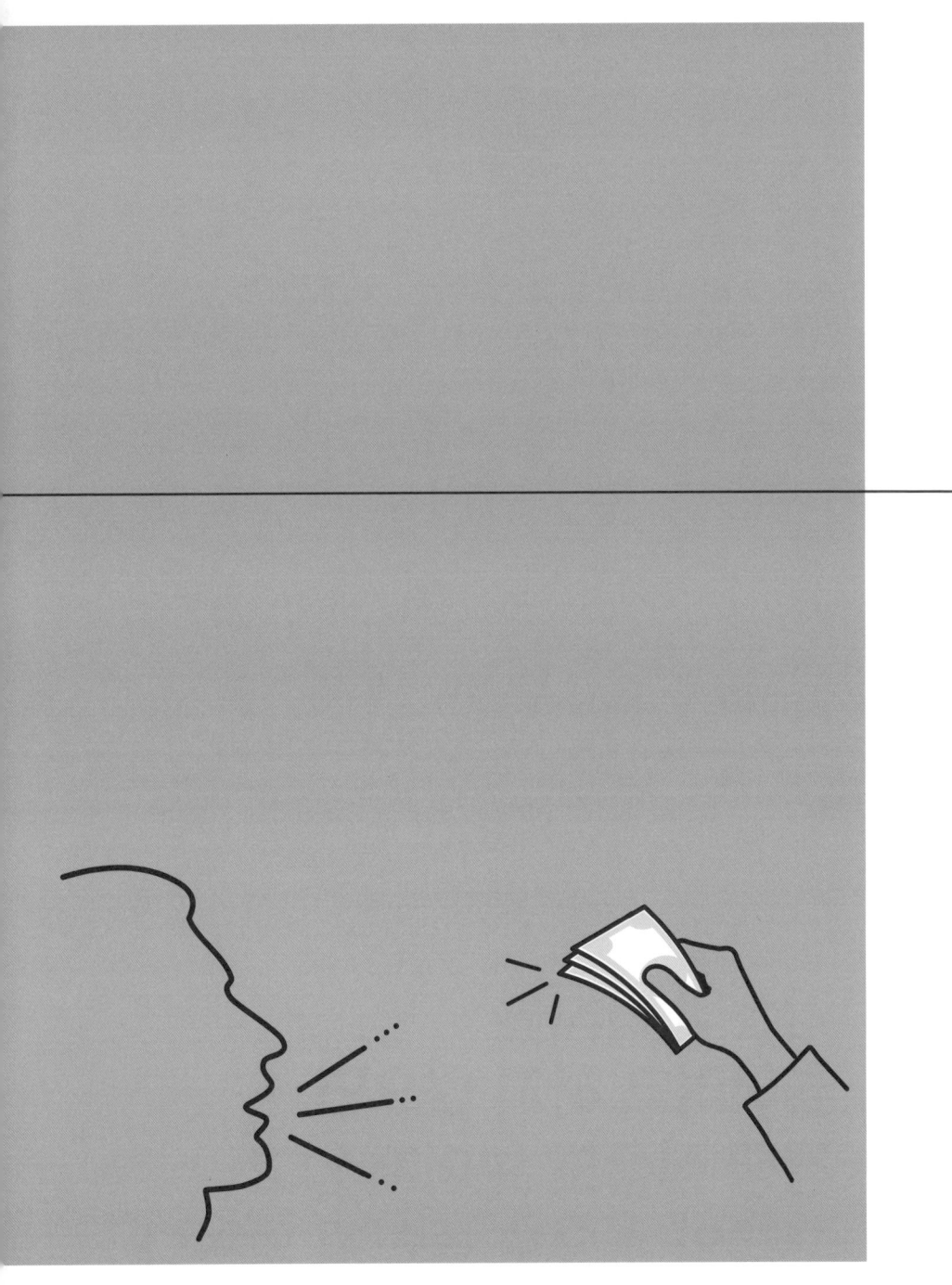

**자신의 가치를
높이려고 하지 않으면
경쟁 상품도 보이지 않고
고객의 수요도 들리지 않는다.**

말 한마디의 차이로 결과가 왜 이토록 달라지는 것일까!?

"간다 씨, 좋은 물건을 만들다 보면 언젠가 반드시 좋은 결과가 있겠지요?"

고객으로부터 이런 질문을 받을 때가 있다. 나의 대답은 "예스!" 그렇다. 정말로 좋은 물건은 시간이 많이 걸릴지언정 언젠가는 널리 알려지게 되어 있다. 그러나 현실적으로 팔리지 않는 상품이 많은 것은 왜일까?

그 이유는 "좋은 상품을 보여주세요"라고 부탁해보면 확연히 드러난다. 업체에서 내놓은 상품을 보면 아연실색할 때가 많다. '좋은 상품'은 판매자 입장에서 좋은 것이지, 구매자 입장에서는 '어딘가 부족한 상품'인 경우도 많기 때문이다. 그런데도 판매자가 '좋은 상품'이라고 철석같이 믿고 있는 이유는 팔아보려는 노력을 하지 않았기 때문이다.

자신의 가치를 높이려고 하지 않으면 경쟁 상품도 보이지 않고, 고객의 수요도 들리지 않는다. 거울을 보고 치장을 하려는 노력도 하지 않고 나는 '멋진 남자', '예쁜 여자'라고 착각하고 있는 것이나 마찬가지이다.

내가 관찰한 바에 의하면 좋은 상품을 분별해낼 수 있는 회사는 판매에 있어서도 열정을 갖고 있는 회사였다. 자기가 갖고 있는 상품의 매력을 고객에게 어떻게 전달할 수 있을지 늘 진지하게 생각하고 있었다. 또 좋은 상품을 찾아내기 전에는 늘 진지하게 고객의 목소리에 귀를 기울이고 스스로의 가치를 찾아내려는 경험을 축적해놓고 있었다.

즉 좋은 상품을 찾아낼 수 있는 회사란, '늘 고객에 대한 봉사'를 중요하게 생각하고 있기에 고객의 필요성을 충족시킬 상품을 분별해낼 수 있는 것이고, '늘 동료와의 팀워크'를 중요하게 생각하고 있기에 그 상품을 꼭 필요한 고객에게 전달해줄 수 있는 것이다.

이처럼 회사의 안과 밖을 모두 소중하게 여기는 사고와 행동의 순환 속에서 가치 있는 비즈니스가 생겨나는 것이며 그 흐름은 보편적인 원리원칙에 의해 가속된다. 이러한 보편적인 원리원칙, 그리고 여기에 쓰이는 말의 사용법이 바로 '돈 버는 체질을 만드는 시스템'이다.

이 법칙은 결코 즉흥적으로 선정한 것이 아니라 마케팅 전문가로서 20년 동안 고객 수만 명을 컨설팅하면서 얻게 된 성공 패턴에 기초한 것이다. 1장과 2장에서는 구체적인 상품을 팔기 위한 말의 사용법을 설명했다. 이제 3장에서는 상품을 팔기 위한 말의 표면적인 기술이 아니라 비즈니스가 생겨나는 그 근본으로 들어가 진정으로 돈을 벌 수 있는 비즈니스를 위한 '말의 사용 매뉴얼'을 공유하고자 한다.

— 핵심적인 비즈니스 모델을 만드는 시스템
— 응원자가 모여드는 메시지를 만드는 시스템
— 강력한 리더십이 드러나는 시스템

이처럼 돈이 되는 비즈니스를 창출하는 시스템을 셋으로 나누고, 각 시스템에서 성장을 가속화하기 위한 원리원칙을 엄선한 것이 2부에서 소개하는 돈 버는 체질을 만드는 시스템이다. 나는 이 이론체계를 '마케팅 피라미드'라고 부르고 있으나, 설명하기 시작하면 엄청 두꺼운 학술책이라도 한 권 쓸 수 있을 정도로 하고 싶은 말이 많다.

'돈 버는 체질을 만드는 시스템'의 배경에 있는 이론 체계를 그림으로 나타내보면 다음과 같다.

모든 내용은 아니더라도 나는 독자들에게 이 체계의 개요

비즈니스의 가속적 성장을 실현시키는 '마케팅 피라미드'

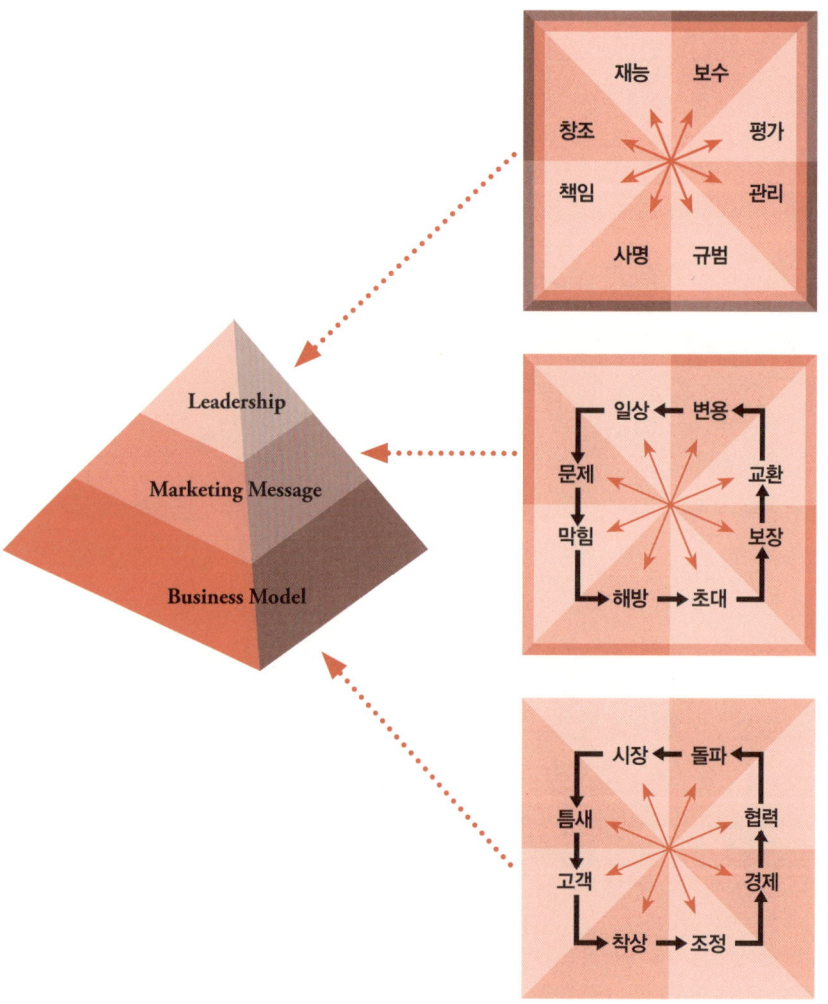

각 시스템의 흐름을 가속화하기 위해 엄선된 원리원칙
[돈 버는 체질을 만드는 시스템]

만이라도 전하고 싶다는 생각에 실제로 약 30페이지 분량으로 원고를 집필했었다. 그러나 다시 읽어보니 아무래도 비즈니스 상급자에게 더 적합한 내용이라 이 책의 취지인 '현재 하고 있는 일에서도 쉽게 사용하면서 좋은 결과를 가져올 수 있는 것'에는 다소 벗어난다는 것을 깨달았다.

그래서 '마케팅 피라미드'는 나중에 다시 책으로 써서 소개하기로 하고, 이번에는 즉시 사용할 수 있는 부분만 추출해 소개하고자 한다.

특히 이번에는 빠른 이해를 돕기 위해 돈 안 되는 생각과 돈 되는 생각을 비교하는 형식으로 제목을 붙였다. 말 한마디가 가져오는 의식의 작은 차이는 업무의 질적 향상에 큰 영향을 미친다. 의식의 차이는 행동의 차이를 낳고, 행동의 차이는 업무의 질적 차이를 낳는다. 따라서 사용하는 말을 바꾸기만 해도 돈 안 되는 생각은 자연스럽게 돈 되는 생각으로 바뀌기 시작한다.

여러분이 업무에서 대처하기 어려운 일이 생긴다면 이제부터 시작되는 이야기에 집중하기를 바란다. 그리고 혹시 내가 돈 안 되는 말을 쓰고 있진 않았는지 생각해보자. 만약 그렇다면 곧바로 돈 되는 말로 바꾸어보라. 지금까지와는 완전히 다른 동료 및 고객의 반응을 접하고 놀라게 될 것이다. 3장의 내용을 실천하면서 당신이 쓰는 말의 힘을 반드시 실감해보길 바란다.

말의 선택과 사용법에 따라 비즈니스는 더 빠르게 성장한다. 그렇다면 말을 어떤 식으로 바꿔야 할까. 일단 앞으로 소개할 '돈 버는 체질을 만드는 시스템'에 앞서 가장 기본이 되는 대전제, '분리에서 통합으로 나아가는 대법칙'부터 말할까 한다.

통합이란 고객이 나에게 공감하고 내가 고객에게 공감하고 있는 상태, 즉 '나=고객'이라는 동맹관계를 만드는 것을 말한다.

{
[돈 안 되는 생각] 나는 나, 너는 너
[돈 되는 생각] 나는 너, 너는 나
}

이런 상태라면 고객은 애착을 느끼기 때문에 나의 회사 제품을 우선적으로 구매한다. 반대로 회사와 고객이 분리되어 있는 상태, 즉 '나는 나, 너는 너'와 같이 계약관계가 훤히 드러나 보이는 상태라면 고객은 가격만으로 판단하고 경쟁사와 비교 검토한 다음에 살지 말지를 결정한다. 미세한 차이 같지만 매출에는 큰 차이가 생긴다.

예를 들어 교복 매장에서 중학교 입학을 앞둔 자녀가 있는 가정에 광고지를 보낸다고 하자. 다음 두 문장 중에서 고객의 반응이 더 좋은 것은 어느 쪽일까?

A: "창립 80주년을 맞은 저희 상회는 지역 고객님들이 보내주신 지속적인 성원에 힘입어 나날이 성장하고 있으며 매년 학생 5명 중 3명이 저희 교복을 구입하고 있습니다."

B: "어머님, 아버님. 수고 많으셨습니다. 저에게도 아들이 있습니다만, 아들 녀석이 중학교에 입학하던 때가 어제 일처럼 생생히 기억납니다."

정답은 B이다. 이것은 실제로 두 교복 매장의 다이렉트 광고 메일에 쓰여 있던 첫 번째 문장이었다. 이 문장의 차이로 두 매장의 매출은 무려 세 배 가까이 달라졌다. 이유는 확연하다. 본인(자사)에 대한 것만 서술하고 있는 A에 비해 B는 '저에게도'라는 표현을 써서 고객과 공감대를 형성했기 때문이다.

돈 안 되는 일을 하는 사람은 고객과 나 사이에 '벽'을 만든다. 돈 되는 일을 하는 사람은 고객과 나 사이에 '유대감'을 만든다. 말의 힘으로 뿔뿔이 흩어져 있는 사람들을 하나로 연결해 조화로운 상태로 만드는 것, 이것이 돈이 되는 비즈니스를 만드는 법칙의 뿌리가 된다.

3장

돈 되는 일을 만드는 힘

성장 곡선의 법칙:
매출이 떨어질 때가 기회이다

[돈 안 되는 생각] 현재의 문제점은 무엇인가?

[돈 되는 생각] 미래를 위해 준비할 것은 무엇인가?

상품의 매출이 떨어지면 사람들은 대부분 고민하지만 사실은 그 순간부터 나의 성공 스토리가 시작된다. 왜냐하면 이것은 시장에 변화가 필요한 때라는 뜻이고, 여기서 내가 변화를 주도하면 큰 실적을 올릴 수 있는 기회가 되기 때문이다.

이럴 때를 대비해 '성장 곡선의 법칙'을 알아두면 좋다. 성장 곡선을 알면 수년 뒤의 시장 변화도 뚜렷하게 보이기 때문이다. 성장 곡선은 정규분포곡선으로 그려진 것이기 때문에 '도입기', '성장기' 그리고 '성숙기'가 거의 같다는 것을 기억해두자. 따라서 도입기부터 성장기가 시작되는 기간을 알면 언제 성장기가 끝나고 성숙기가 시작될지를 예측할 수 있다.

예를 들면 이런 사례가 있다. 편의점의 즉석 원두커피는 미니스톱에서 2009년에 판매하기 시작했다. 그리고 2011년 1월에 전국 매장 수 2위인 로손이 시장에 뛰어들었다. 이처럼 단기간에 2~3사가 같은 시장에 진출하거나 대형 업체가 진출한다는 것은 성장기에 들어섰다는 신호이다. 그렇다면 도입기는 2.5년이라는 계산이 나오고, 성장기도 비슷한 기간일 테니 2014년 중반부터는 '성숙기'가 시작된다고 예상할 수 있다.

여기서 중요한 것은 매출이 떨어질 때가 바로 다음 수를 쏠 때라는 것이다. 실제로 2014년, 커피로는 더 이상의 차별화가 불가능해지자 세븐일레븐은 '편의점 도넛'을 출시했다. 이렇게 편의점은 새로운 성장을 그리기 시작한 것이다.

성장 곡선을 모르면 '작년까지는 엄청 팔렸는데, 올해는 왜 안 나가지?'라고 탄식만 하게 될 것이다. 돈 버는 사람은, '내년에 매출이 떨어질 테니 지금 준비해둬야지'라며 대책을 강구한다. 미래를 향한 도약은 저성장 기간에 준비해야 한다.

| 성장 곡선의 법칙 |

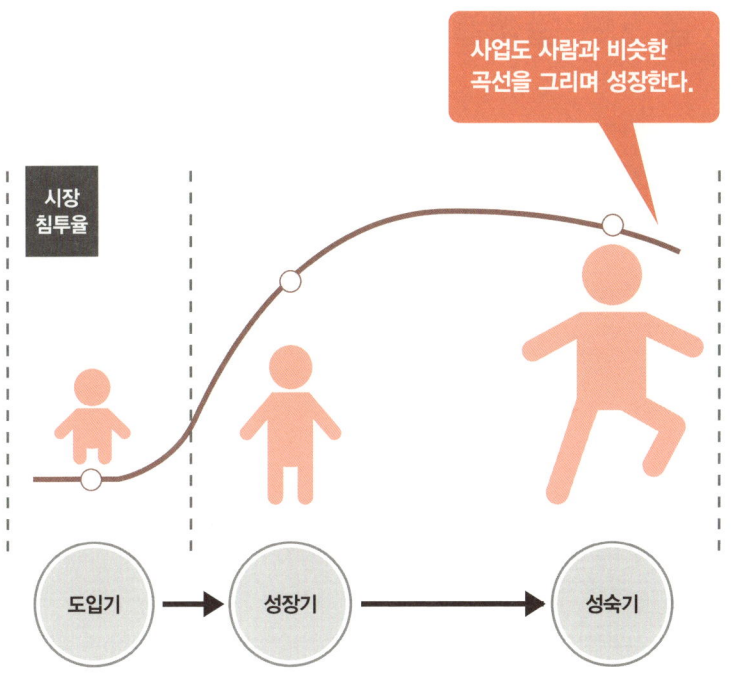

**사업 수익의 80~85%는 성장기 때 벌어들인다.
반대로 말하면 도입기와 성숙기를 합쳐도 수익이
7.5~10%밖에 되지 않는다는 뜻이다.**

변화와 용기의 법칙:
결과로 실력을 말하라

{ [돈 안 되는 생각] 왜 나한테 이런 일이 생기지?
[돈 되는 생각] 오오! 재미있어졌는걸! }

어느 영업 매니저의 이야기다.

일류 기업에서 승진을 거듭하며 출세 가도를 달리던 그는 어느 날 하루아침에 좌천이 되었다. 급격한 매출 감소 때문에 제일선에서 가장 활발히 활약했던 그가 책임을 지고 자리에서 물러나게 된 것이다.

그가 새로 발령받은 부서는 회사의 오합지졸들만 모여 있는 곳. 영업 실적이 안 좋은 사원들만 모아놓은 부서였다. 엘리트 직원이 한직으로 쫓겨나다니. 누구나 그가 회사를 그만둘 것이라고 생각했다.

그러나 그는 오히려 기회라고 생각했다. 지금까지 상사에게 잘 보이기 위해 사용했던 시간을 실적이 안 좋은 부하들을 위해 사용하기 시작했다. 한 명 한 명 마음을 다해 가르쳤다. 그리고 그와 동시에 실적이 좋지 않은 부서를 성장시키기 위해 본인의 매니지먼트 실력도 갈고닦았다.

결과는 어떻게 되었을까? 상품, 가격, 서비스, 무엇 하나 바뀌지 않았고 회사에서 어떤 지원도 해주지 않았지만 그 부서의 매출은 3배로 껑충 뛰었다.

그는 과거에 집착하지 않고 변화를 받아들였다. 환경을 탓하지 않고 현재 있는 곳에서 자신의 재능을 열심히 펼쳤다. 그 결과, 자신의 틀을 넘어서 도약할 수 있는 힘을 발휘한 것이다.

돈 안 되는 일을 하는 사람은 변화를 받아들이지 못한다. 뒤에서 이런 불만만 내뱉는다.

"보너스가 줄었어. 어떻게 이럴 수가 있지?"

"새로 온 상사는 내 능력을 몰라줘. 저런 상사는 나중에 잘 안 될 거야."

"저 회사 상품의 품질은 정말 최악이야. 말도 안 돼. 어떻게 저런 게 잘 팔리지?"

그러나 돈 되는 일을 하는 사람은 불만을 말하지 않고 변화에 맞선다. 어떤 역경에 처하더라도 눈앞에 닥친 상황 속에서 자신의 재능을 살릴 수 있는 방법을 생각하고 그것을 위해 한 걸음 내딛는 일에 집중한다. 변화를 넘어서면 그 앞에는 어떤 기회가 기다리고 있을지를 생각하며 행동으로 옮긴다. 그 무엇보다 결과가 본인의 실력을 말해준다는 것을 잘 알고 있기 때문이다.

'침묵은 금'이라는 말이 있지만, 마냥 입을 다물고 있어서는 금이 되지 않는다. 입을 다물고 성과를 올리겠다는 각오와 실천이 있어야 기회를 획득할 수 있고, 비로소 침묵이 금이 될 수 있다.

상품 단일화의 법칙: 성공 경험을 업그레이드하라

> [돈 안 되는 생각] 뭐든지 하고 있습니다.
> [돈 되는 생각] 그것은 하지 않습니다.

회사의 강점을 집결시킨 단 하나의 상품을 내놓을 수 있다면 크게 도약할 수 있다. 이렇게 단언해도 좋을 정도로 이 어드바이스는 중요하다.

    많은 회사가 너무나도 많은 사업 수, 상품 종류를 갖고 있다. 사실 이 복잡함은 약점이 아니라 회사의 강점이다. 아무 생각 없이 일을 한 것이 아니라 최대한 고객의 요구에 맞춰왔다는 뜻이기 때문이다. 반대로 생각한다면 이런 회사에는 지금까지 고객을 만족시켰던 훌륭한 비즈니스의 씨앗이 엄청나게 많다는 뜻이 된다. 이것을 회사의 미래를 지탱하는 뼈대로 삼는다면 회사는 크게 도약할 수 있다.

'좋은 아이디어를 얼마나 많이 버릴 수 있는지가 중요하다.' 스티브 잡스는 이런 말을 했다. 그의 이런 철학은 시가 총액 세계 최고 수준이지만 단순하기 그지없는, 애플의 상품 라인을 보면 잘 알 수 있다. 라인업은 아이맥, 맥북, 아이팟, 아이폰, 아이패드, 아이튠즈, 애플워치 등 손에 꼽을 수 있을 정도이다. 한 번 퇴출되었다가 1997년에 애플로 다시 돌아온 잡스는 60종류나 되던 컴퓨터를 1기종 3모델로 단순화했다('다이아몬드 온라인' 2011년 10월 18일 '특별 강의, 스티브 잡스는 정말로 뛰어난 인재였을까', 미타니 코지 'K.I.Y. 도라노몬 대학원 주임교수').

2015년에 발매된 애플워치는 완전히 새로운 상품을 개발해서 내놓은 것도 아니었다. 지금까지 있던 기술과 서비스를 미래에 맞게 새로운 패키지로 다시 만든 것이었다.

실리콘 밸리를 거점으로 크라우드 회의실을 제공하는 챗워크(ChatWork) 주식회사(사장 야마모토 토시유키)는 초창기에 IT컨설팅을 비롯한 여러 가지 사업을 동시에 진행했었다. 그러나 그 뒤 '챗워크'라는 애플리케이션에만 집중하기로 하고 곧바로 전 세계 서비스를 시작했다. 현재에는 전 세계 183개국 8만 4,000개가 넘는 회사에 서비스를 제공하고 있다.

돈 안 되는 일을 하는 회사는 과거의 유산으로 생계를 근근이 유지하지만, 돈 되는 일을 하는 회사는 과거의 유산을 미래에 맞는 사업의 뼈대로 삼아 새로운 결실을 맺는다. 당신의 복잡한 회사 속에 보석이 숨어 있을 수도 있다. 다양한 상품을 하나의 상품 패키지로 묶어버리자!

두 개의 산 법칙:
고객 속의 고객을 찾아라

{ [돈 안 되는 생각] 타깃은 '이것'

[돈 되는 생각] 타깃은 '이것'과 '저것' }

 가격 경쟁에서 일시적으로 승자가 될 수는 있다. 그러나 낮은 가격 때문에 얻을 수 있는 이익이 적은데도 회사를 계속해서 성장시키는 일은 천재 경영자가 아닌 이상 어려운 일이다.
 그래서 가격 경쟁이 시작되면 돈 버는 자는 가격 경쟁을

할 필요가 없는 분야를 새롭게 찾으려고 노력한다. 경쟁이 심해지는 성장기 후반에는 확대된 시장으로 인해 고객의 수요가 다양해지기 때문에 자사의 강점을 발휘할 수 있는 틈새시장을 쉽게 찾을 수 있다.

바로 이때 돈 버는 자는 시장에 두 개의 산이 없는지 관찰한다. 산이란 주요 고객층을 의미한다. 두 개의 산이 시야에 들어온다면 당신의 비즈니스에는 상상을 초월하는 넓은 저변이 있다는 사실을 깨닫게 된다.

예를 들어 주택 판매의 경우, 많은 영업사원이 30대 후반에서 40대 초반에 집을 처음 구입하는 세대가 주요 고객층이라고 대답한다. 그러나 데이터를 유심히 살펴보면 정년퇴직을 한 60대가 주택 전시장을 찾아오는 것을 알 수 있다. 손자들과 가까운 곳에서 살기 위해 2구획 분량의 토지를 매입해 2세대 주택을 지으려는 수요가 생겼기 때문이다. 이 수요를 알아낸 회사는 판매하는 노력은 같아도 매출은 2배가 되는 새로운 비즈니스 모델을 세울 수 있게 된다.

요식업계에도 새로운 산이 나타났다. 지금까지는 국내 수요가 대부분이었는데, 2020년 도쿄올림픽을 앞두고 일본 내 해외 관광객이 급증한 것이다. 일본에 머물고 있는 관광객을 공략하면 그들이 돌아가는 각자의 나라가 일본 기업의 해외 진출에 유망 시장이 된다.

또 미용실 예도 있다. 최근에는 학원 옆에 미용실이 생기는 경우가 많아졌다. 엄마가 아이를 학원에 보내놓고 그 시간에 미용실에서 머리를 손질할 수 있어 편리하고 시간도 절약할 수 있기 때문이다. 엄마와 아이라는 2가지 저변을 확보하면 사업의 수명이 늘어난다.

돈 안 되는 일을 하는 사람은 고객층을 하나밖에 생각하지 않는다. 그러나 그 산은 성숙기가 되면 사라져버린다. 한편 돈 되는 일을 하는 사람은 고객 리스트라는 풍경 속에서 새로운 산이 어디 있는지 늘 찾아보고 있다. 그리고 그 산을 발견하면 기존 고객에게 제공했던 가치를 새로운 고객에게 제공하기 위해 노력한다.

고객 경청의 법칙: 예산보다 이익을 확보하라

{ [돈 안 되는 생각] 예산을 얼마나 확보할 수 있는가?
[돈 되는 생각] 이익을 얼마나 확보할 수 있는가? }

회사를 크게 발전시키는 데 있어 절대로 실패하지 않는 확실한 방법이 있다. 이 방법은 대박 상품을 개발하고 싶을 때에도, 새로운 비즈니스 모델을 찾고 싶을 때에도, 우량 고객을 만나고 싶을 때에도 반드시 효과를 발휘한다. 그것은 바로 고객의 소리에 귀를 기울이는 것이다. 고객의 소리는 매출을 올리는 아이디어의 보고이다.

그렇다면 어떻게 해야 고객의 소리가 보물이 될 수 있을까? 우선 고객 리스트를 본다. 엑셀이나 파워포인트로 정리된 분석 리포트를 보는 것도 좋지만, 이왕이면 고객의 이름과 주소가 적혀 있는 리스트를 보기를 추천한다. 고객 개개인이 데이터가 아니라 얼굴을 갖고 있는 인간이라는 점이 생생하게 느껴지기 때문이다.

어느 지역에 살고 있는 사람이 많은지, 아파트에 사는 사람이 많은지 주택에 사는 사람이 많은지, 젊은 사람이 많은지 연배가 좀 있는 사람이 많은지, 어떤 상품을 샀고 어떤 상품을 사지 않았는지, 그리고 구매 이력으로 어떤 상품을 산 뒤에 어떤 상품을 샀는지 등. 이런 놀랄 만한 정보가 단 20분간 고객 리스트를 보기만 해도 얻을 수 있다. 그리고 그 뒤에는 고객을 더 많이 이해할 수 있도록 노력해야 한다.

구체적인 작업을 예로 들자면 설문조사가 있다. 고객의 의견 중에 궁금한 부분, 더 알고 싶은 부분을 체크하고 질문한다. 오랜 세월 동안 자사의 상품을 사용한 고객에게는 AS를 제공하면서 상품을 어떻게 사용하고 있는지 구체적으로 질문을 던진다. 고객의 불만을 일시적으로 해결하기 위해서가 아니라 그 배경에 어떤 문제가 있는지를 더 자세히 알아보는 것이다. 기존의 주요 고객층과는 다른 사람을 식사에 초대하는 등, 고객과 만날 기회를 늘리면서 고객의 소리를 회사 내에도 전달한다.

고객의 얼굴을 구체적으로 떠올릴 수 있다면 고객이 기뻐하는 모습을 위해 몇 가지 새로운 제안도 떠오를 것이다. 추천 상품을 제안(크로스 세일)하거나, 더 높은 부가가치의 상품을 제안(업 세일)하기도 하고, 더 저렴한 상품을 제안(다운 세일)하는 등 기본적인 것만 해도 생각 이상의 수익을 얻을 수 있다. 그 결과로 회사는 새로운 도전을 위한 윤택한 자원을 확보할 수 있게 된다.

돈 안 되는 일을 하는 사람은 "예산을 얼마나 확보할 수 있습니까?"라고 회사에 묻지만, 돈 되는 일을 하는 사람은 "이익을 얼마나 확보할 수 있을까?"라고 자기 자신에게 묻는다. 그리고 그 이익을 가져다주는 고객을 대상으로 또 다른 봉사를 기획하고 실행한다. 사업의 새로운 도약을 뒷받침해주는 것은 언제나 고객이다.

100만 명 돌파의 법칙: 변수에 주목하라

{ [돈 안 되는 생각] 예상치 못한 부분은 무시하자.
[돈 되는 생각] 예상치 못한 부분을 중시하자. }

전혀 예상하지도 못했던 손님이 갑자기 나타났다. 이런 상황이 된다면 돈 버는 사람은 예상치 못한 고객을 보며 눈을 반짝거린다. 왜냐하면 그 고객은 새로운 마켓이라는 행복을 가져다줄 핵심 인물인 경우가 많기 때문이다.

「소중한 사람(折り梅)」(마츠이 히사코 감독, 2011년 국내 개봉 – 역자)이라는 영화를 알고 있는가. 치매에 걸린 어머니를 둘러싼 가족의 갈등과 사랑을 그린 영화이다. 이 영화는 소재도 무겁고 내용 또한 잔잔해서 영화 관계자들이 모인 시사회에서는 반응이 그다지 좋지 않았다고 한다. 그런데 그 시사회에 우연히 참석하게 된 일반인 주부가 있었다. 가족 중에 치매에 걸린 사람이 있어 힘들게 간호를 하고 있던 그 주부는 영화가 끝나고 영화 관계자들이 집에 가려고 모두 자리에서 일어섰을 때 눈물을 흘리며 이렇게 말했다.

"이렇게 훌륭한 영화는 태어나서 처음이에요."

이 주부의 반응을 듣고 나서 「소중한 사람」은 전국 동시 개봉이 결정되었고, 그 후 입소문을 타고 관객이 몰려들어 결국 100만 명을 돌파하게 되었다. 예상치 못한 고객 한 명이 새로운 움직임을 일으키는 것. 사실 이것은 비즈니스 세계에서도 자주 있는 일이다.

내가 기억력과 정보 정리를 위한 노트 기술 '마인드맵'의 일본 보급 활동에 관여했을 때도 비슷한 경험이 있었다. 당시 영국대사관과 제휴를 맺고 마인드맵 개발자 토니 부잔의 일본 초청 리셉션을 기획했었다. 리셉션 초대 대상자는 교육에 관심이 있는 상장기업 경영자 100명이었는데, 그 밖에 다이렉트 메일을 보고 찾아온 파견 사원이 한 명 있었다. 자신도 아이를 키우고 있다던 그는 다이렉트 메일을 버리려고 죽 훑어보다가 이 리셉션 안내를 보고 너무나도 좋은 기획이라는 생각에 당장 사장님에게 전달했고, 자신도 꼭 참석하고 싶다고 요청해서 왔다고 했다.

그때 일본의 아이들에게 마인드맵을 추천하고 싶다는 내 생각이 틀리지 않았다는 것을 직감했다. 그 후로 마인드맵은 초등학교부터 대학교에 이르기까지 수많은 선생님의 지지 속에 점차 확대되었다.

이질적인 것은 없는지, 평소에 여기에 없던 사람은 없는지, 예상치 못한 상황이나 고객이 나타나면 돈 버는 사람은 바로 그 점에 주목한다.

꿈 이용의 법칙: 간절한 질문이 답을 구한다

{ [돈 안 되는 생각] 맞는 답은 무엇인가?
[돈 되는 생각] 맞는 질문은 무엇인가? }

가슴이 뛸 정도로 끝내주는 아이디어가 떠올라 그것을 업무에 활용했더니 결과까지 좋게 나왔다. 당신은 어떤 기분이 들까? 아마 마음속으로 '예스!'라면서 주먹을 불끈 쥐고 기쁨의 세리머니를 펼치고 있을 것이다.

내가 생각한 아이디어를 실행으로 옮길 수 있다는 것은 비즈니스맨에게는 가장 큰 기쁨이다. 명확한 아이디어가 떠오르면 그것이 마치 미래에서 온 강력한 자석이라도 되는 양 자신을 움직인다. 지금껏 이런 건 돈이 안 된다고 포기했거나 내 진짜 실력을 발휘하고 싶다며 불평만 했던 자신의 모습은 거짓말처럼 사라진다. 일에서 자아실현을 할 수 있다는 것은 최고의 보상이기 때문이다.

"간다 씨, 그건 알겠는데요. 전 무얼 하면 성취감을 느낄지 잘 모르겠어요."

이런 사람에게 내가 권하는 것이 있다. 그것은 자고 있는 동안에 대답이 떠오르는 질문법, '필로 퀘스천(Pillow Question)'이다. 방법은 쉽다. 대답은 몰라도 된다. 나에게 맞는 질문만 준비하면 된다. 이를테면 '지금 회사에서 내 재능을 발휘할 수 있으면서 성취감을 느낄 만한 일이 뭘까?'라는 질문을 자신에게 던지고 다음 날 아침에는 대답을 얻을 수 있을 거라고 자기 암시를 한 다음 잠자리에 들면 된다. 신기하게도 다음 날 아침이 되면 정말로 생각이 떠오르는 경우가 많다.

꿈을 기억해두는 것도 좋다. 꿈은 얼핏 상관없을 것 같지만, 꿈에 나온 내용을 떠올리면서 지금 나에게 도움이 되는 노력이 무엇일지 생각하면 어느 순간 실행 가능한 아이디어가 머릿속을 강타할 것이다. 돈 버는 사람은 성취감을 느낄 수 있는 일을 찾는 대신, 자고 있는 동안 꾼 꿈을 이용해 지금 눈앞에 있는 업무를 열심히 할 수 있는 방법을 찾는다.

사실 이 책의 서문에 쓴 첫마디도 필로 퀘스천으로 떠오른 문장이었다. 첫 문장부터 강력하게 독자들을 끌어들일 수 있는 한마디가 무엇일지, 자기 전에 내 자신에게 물어보고 잠자리에 들었던 것이다. 그러자 '날려버리겠다'는 문장이 아침에 문득 머릿속에 떠올랐다.

정답을 찾는 건 어렵다. 그러나 내 상황에 맞는 질문을 하는 것은 어렵지 않다. 할지 안 할지 여부를 결정하기만 해도 업무 진행 방식에는 차이가 생긴다.

알라딘과 요술 램프의 법칙: 미래에 무엇이 필요한가?

> [돈 안 되는 생각] 성공한 사례가 있는가?
> [돈 되는 생각] 성공을 상상할 수 있는가?

지금은 노력해서 돈을 버는 시대가 아니다. 기뻐하면서 몰려드는 것이 요즘 현실에 가까운 표현이다. 이렇게 말하는 이유는 전 세계에서 자금과 고객이 모여드는 크라우드펀딩(웹이나 모바일 네트워크에서 불특정 다수의 자금을 모으는 방법) 때문이다.

최근 주목을 끌고 있는 크라우드펀딩 프로젝트에 영국 로레먼(Rawlemon)사의 태양열 충전 시스템이 있다. 이 회사는 감각적으로 디자인된 거대한 유리구슬이 태양이나 달을 추적하면서 열을 충전하는 시스템을 개발해 기존의 추적 시스템보다 효율을 35% 높였다. 현재 프로젝트 자금 수십억 원이 인터넷에 몰려들고 있다. 이렇게 큰 규모가 아니더라도 충전 기능이 있는 여행 가방이나 구두끈이 필요 없어지는 도구 등 간단한 아이디어에도 1억 원이 넘는 자금이 모인다.

그렇다면 훌륭한 아이디어는 어떻게 얻을 수 있을까? 돈 못 버는 사람은 재미있는 아이디어를 과거에서 찾아본다. 그러나 돈 버는 사람은 이상적인 미래에는 무엇이 필요할지를 생각한다. 이런 경우에는 말로 표현하기보다 먼저 머릿속으로 상상을 해보면 고정관념에서 벗어나 얼마든지 혁신적인 발상을 할 수 있게 된다.

이런 사고법은 윈 웽거 박사(『아인슈타인 만들기』 저자)가 '지니어스 코드(Genius Code)'라는 방법으로 체계화하였는데, 그 구체적인 방법을 하나 소개할까 한다. 이를테면 '크라우드펀딩에 적합한 새로운 전략 상품은 무엇인가?'라는 질문에 대한 해답이 알고 싶다고 가정해보자. 우선은 눈을 살짝 감고, 모든 것이 완벽하게 충족되어 있는 미래에서 나한테 선물이 도착한다고 상상해본다. 그런 다음 하나, 둘, 셋! 숫자를 센 뒤 머릿속에서 상상의 상자를 연다. 그리고 그 안에서 튀어나온 것을 눈을 뜨고 그림으로 그려본다.

　이 그림이 미래에서 온 해답이다. 상자 속에서 '두루미'와 '거북이'가 나왔다고 한다면 그것을 바탕으로 점차 연상 범위를 넓혀간다. 질문과는 전혀 상관없는 것이라 해도 브레인스토밍을 하다 보면 점차 해답과 관련 있는 아이디어가 떠오른다. '바다와 하늘에서 모두 사용할 수 있는 내구성 있는 상품은 없을까?', '거북이 등껍질 같은 수납 상자를 매끈한 소재로 만들면 어떨까?' 이런 식으로 아이디어를 떠올릴 수 있다.

　이처럼 상상으로 생각을 떠올리고 발전시키는 방법을 능숙하게 사용할 수 있게 되면 부(富)는 필요할 때 언제든지 만들어낼 수 있다. 그렇다. 마치 알라딘과 요술 램프처럼 말이다.

내 마음대로 승인의 법칙:
작게 시작하라

[돈 안 되는 생각] 왜 회사는 승인해주지 않는가?
[돈 되는 생각] 왜 나는 승인하지 않는가?

고객의 소리에 귀를 기울였더니 새로운 아이디어가 떠올랐다. '이것을 실현시킬 수만 있다면 정말 대박일 텐데, 누가 이거 안 만들려나?' 당신은 이런 생각을 하고 있을지도 모른다. 그 '누가'는 아이디어를 실현시킬 생각에 이미 가슴이 두근거리고 있는 사람, 즉 당신이다. 그러니까 망설이지 말고 손을 번쩍 들어 꿈을 실현시키는 사람이 되도록 하자. 여기서 중요한 포인트는 최대한 빨리, 그리고 일단은 작게 시작해보라는 것이다.

오사토 종합관리 주식회사(지바 현 오아미시라사토 시)라는 엄청난 부동산 회사가 있다. 무엇이 엄청난가 하면 280개가 넘는 지역 공헌 프로젝트를 실행하고 있다는 점이다. 예를 들면 정체되기 쉬운 도로의 교통정리, 가로등 주변에 나무 심기, 크리스마스 시즌에 지하철역에 전등 달기 등. 사원 개개인이 지역에 도움이 될 만한 일을 찾으면 그것을 즉각 실행한다. 2015년 11월에 '캄브리아 궁전'(TV도쿄)이라는 프로그램에서 특집으로 방송되었다.

이 회사의 도코로 마리코 사장에 의하면, 이런 일들을 실행할 때는 '승인을 받지 않고 작게 시작하는 것'이 포인트라고 한다. 예를 들면 가로등 주변에 꽃을 심어도 되는지 행정 기관에 승인을 받으려고 하면 승인이 떨어지지 않는 경우가 훨씬 더 많다. 그러나 지역 주민을 위한다는 생각이 들면 승인을 받는 일을 미루고 무작정 실행한다.

그러면 어떻게 될까? "누가 여기에 꽃을 심은 거야?" 하고 꽃이 뽑히는 경우도 있다. 그러면 보통 포기할 법한데 이 회사는 그 자리에 다시 심는다. 그렇게 여러 차례 꽃이 뽑혀버리면 이번에는 지역 주민이 예쁜 꽃을 왜 뽑느냐고 반대로 민원을 접수

한다. 결과적으로 꽃을 심는 일이 지역 주민에게 지지를 받게 된다. 이것은 지역 공헌 프로젝트에만 국한되는 것이 아니다. 회사도 마찬가지이다.

"전단지를 대략 만들어봤는데요."

"간단한 소개 영상을 만들어봤는데요."

"간단한 테스트 상품을 조립해봤는데요."

이런 식으로 아이디어가 떠오르면 승인을 받기 전에 먼저 형태로 만들어 보여주는 것이다. 그리고 그것을 주위 사람들에게도 공유하면서 피드백이 있으면 신속하게 개선한다.

돈 안 되는 일을 하는 사람은 윗사람의 승인을 먼저 받으려 하지만, 돈 되는 일을 하는 사람은 승인을 받지 않더라도 스스로 할 수 있는 범위 내에서 작게나마 형태로 만들어 보여준다. 아무것도 하지 않아서 잃게 되는 것은 경험뿐 아니라 당신의 순수함이다.

모모타로의 법칙:
상대에 따라 말의 내용을 바꿔라

{ [돈 안 되는 생각] 아무리 말해도
저 사람이 들어줄 리 없어.

[돈 되는 생각] 이렇게 말하면
저 사람이 주위에 말해줄 거야. }

당신의 아이디어를 실현시키기 위해서는 주위에 있는 다양한 사람들이 쉽게 협력해줄 수 있도록 작게나마 실천하면서 아이디어를 조정하고 개선해나가는 것이 중요하다.

돈 안 되는 일을 하는 사람은 생각난 것을 자신의 관점에서 말한다. 그리고 아무도 몰라준다며 우울해한다. 그러나 돈 되는 일을 하는 사람은 조직의 생리를 잘 알고 있다. 각자 다른 역할을 담당하는 사람들이 다른 관점을 가지고 자신의 업무에 집중하고 있다는 것을 알고 있기 때문에 상대방의 관점에서 말하고, 상대방의 관심사에 부합하는 프로젝트로 키운다.

그러기 위해서는 전래동화 '모모타로(아이가 없는 노부부가 냇가에 떠내려오는 복숭아(모모)를 잘랐더니 그 안에서 남자아이가 나와 이름을 모모타로라 짓고 키웠는데, 성장한 모모타로가 귀신 섬의 귀신을 퇴치하기 위해 모험을 떠나면서 부모님께 받은 수수경단을 모험 도중에 만난 개, 원숭이, 꿩에게 나누어주고 부하로 거느려 결국 귀신을 물리친다는 일본의 전래동화 – 역자)'에 등장하는 동물들을 떠올려보라.

모모타로 이야기는 회사와 전혀 상관없어 보일 수도 있다. 하지만 회사에서 일하는 동료들을 모모타로에 등장하는 모모타로, 개, 원숭이, 꿩이라고 생각하면 누구에게 어떤 메시지를 전달해야 할지 분명해진다.

모모타로는 리더(창업자 또는 경영자), 개는 모모타로를 도와주는 실무자, 원숭이는 규칙을 정하는 관리자, 꿩은 인사 총무 역할이다. 이 4가지 역할을 맡고 있는 동물들에게 각각 말을 구별해서 쓰는 것이다.

사장(모모타로)에게는 목적(Why)을 말한다. 왜 이 아이디어를 실행해야만 하는지를 모르면 경영자는 움직이지 않는다.

실무자(개)에게는 구체적인 내용(What)을 말한다. 구체적으로 해야 하는 일, 스케줄 등 실무적인 이야기를 한다.

관리자(원숭이)에게는 방법(How)을 말한다. 발생하는 작업의 성격, 예산 규모 등이 관리자가 알고 싶은 정보이다.

그리고 통합자(꿩)에게는 사람(Who)을 말한다. 누가 어떤 역할을 맡을지, 인원을 어떻게 배치할지 등을 얘기한다.

이처럼 상대의 타입에 따라 효과적인 설득 방법이 다르다. 동물들이 "모모타로, 나한테 수수경단을 하나 줘"라고 말하는 건 인간관계의 미묘한 심리를 알고 있는 당신을 따르겠다는 뜻이다. (수수경단을 뜻하는 키비(吉備)와 미묘한 인간의 심리를 뜻하는 키비(機微)는 발음이 같다. - 역자)

아이디어란 다른 입장에 있는 사람이 이해해줄 때 비로소 생명력이 생기고 현실성을 갖게 된다. 이것은 아이디어에 생명력을 불어넣는 작업이며 아이디어가 떠오른 사람에게 우선적으로 주어지는 특권이다.

순이익 80%의 법칙: 이익에 집중하라

> [돈 안 되는 생각] 모두를 위해 적자라도 열심히 노력하고 있습니다.
>
> [돈 되는 생각] 모두를 위해 흑자를 달성하고자 열심히 노력하고 있습니다.

프로젝트를 성공시키기 위해서는 수익을 내야 한다. 돈을 위해서 하는 일이 아니라고 돈을 천박하게 생각하거나, 적자라도 우리들은 최선을 다하고 있다며 적자를 자랑스럽게 생각하는 사람도 있지만, 이것은 돈을 버리는 사람의 태도이다.

돈은 사업을 성립시키는 혈액과도 같다. 그러므로 돈을 위해서 일한다고 하는 것은 혈액 덕분에 살고 있다고 하는 것만큼 당연한 이야기이다. 따라서 어떻게 하면 건강한 혈액(돈)이 몸(사업)속을 잘 순환하도록 하느냐가 중요하다.

그럴 때는 '순이익 80%의 법칙'을 기억하자. 요즘에는 순이익이 80%가 안 되는 상품을 취급하는 것은 어지간히 풍족한 자금이 있는 게 아니고서야 어려운 일이다. 지금은 고객 한 사람을 확보하는 데 쓰이는 비용(고객획득비용)이 최소 1인당 5만 원 정도이다. 평균적으로는 10만~20만 원 이상이다. 아무리 인터넷이 발달하고 고객과 만나기 쉬운 환경이 되었다고는 해도 이 정도는 비용이 든다.

이것은 화장품이나 건강식품처럼 아무리 재구매율이 높은 상품이라 해도 반년 정도 경과하면 초반의 광고비용을 회수할 수 없다는 뜻이다. 그래서 회수 기간을 줄이기 위해서는 될 수 있으면 처음부터 순이익을 높게 설정할 수 있는 상품과 서비스, 즉 순이익 80% 이상인 제품을 팔아야 한다.

투자한 돈보다 벌어들이는 돈이 많을 것. 단돈 1,000원이라도 좋으니 어떻게든 이익을 올릴 것. 어떻게 순이익을 확보해 나갈지는 모든 비즈니스맨이 갖고 있어야 하는 상당히 중요한 사업 감각이다.

"순이익 80%라니, 그렇게 좋은 상품이 어디 있어요?"라고 말할지도 모르겠다. 그러나 돈 버는 자는 순이익 80%를 내기 위해서 어떻게 해야 할지를 고심하고, 상품과 서비스가 고객에게 제공할 수 있는 가치를 최대한 높이려고 노력한 뒤에 판매를 생각한다.

방법은 의외로 쉽다. 단품이 아니라 관련 상품을 포함한 패키지 상품으로 판매한다, 컨설팅과 카운슬링 서비스를 판매한다, 티켓제로 한다, 회원제로 한다, 정기 구매를 추천한다, 안심 보증을 붙여 보험 수입으로 이익을 낸다 등 여러 가지로 생각해 볼 수 있다. 생각하는 노력을 아끼지 말자. 목표만이라도 좋으니 순이익 80%가 될 수 있도록 뛰어보자.

체험가치의 법칙:
상품보다 체험을 선물하라

{ [돈 안 되는 생각] 돈이 되는 상품은 없나?

[돈 되는 생각] 고객을 깜짝 놀라게 할 만한 상품은 없나? }

앞으로 돈 되는 일을 하는 사람은 지속적인 수입을 가져다주는 비즈니스를 검토하고 제안해야 한다. 구체적으로는 매월 이용요금을 받을 수 있는 애플리케이션이나 게임, 정기적으로 상품을 배송해주는 정기 배송 및 정기 구독, 특별한 서비스를 제공하기 위한 프리미엄 회원 서비스, 정기 유지관리 계약, 신용 기능이 있는 카드, 보험 서비스 등이 있다.

고객을 한 번 획득한 뒤에 지속적으로 매출이 오르는 상품을 제공하지 않으면 안정적인 비즈니스를 구축할 수 없는 시대가 되었다. 이유는 간단하다. 변화의 속도가 너무나도 빠르기 때문이다.

지금까지는 고객을 키운다는 개념이 있었다. 당신 회사의 상품에 관심이 있는 고객이 광고를 통해 자료를 신청하고 회사가 자료를 보내면 고객은 천천히 검토한 뒤에 상품을 구입했다. 구매자와 판매자가 상품으로 소통하면서 오랜 기간에 걸쳐 관계를 맺고 단골 고객이 되어 안정적인 비즈니스가 성립될 수 있었던 것이다.

그러나 요즘에는 그런 개념이 없다. 잠재 고객은 다른 회사의 광고도 클릭하고 몇 가지 샘플 제품을 동시에 체험해보기 때문에 지금 사용하고 있는 상품이 어디에서 온 것인지조차 알 수 없을 정도로 정보와 상품이 넘쳐나는 시대이다.

예전에는 신규 고객을 획득하는 데 드는 비용은 기존 고객이 재구매하도록 만드는 비용의 6배 정도라는 기준이 있었지만, 요즘에는 그 상황이 역전되었다. 현재 거래하고 있지 않은 고객(유출 고객)이 다시 돌아오도록 하는 데 드는 비용은 새롭게 광고해서 획득할 수 있는 신규 고객 획득 비용의 2.5배나 된다.

정보량이 넘치는 요즘 시대에 고객의 기억에 남는 회사는 극소수에 지나지 않는다. 따라서 고객과 접하게 되는 첫 번째 타이밍에 최고의 놀라움을 선사하고, 그 타이밍에 지속적으로 이용할 수 있는 서비스를 계약해야만 한다.

돈 안 되는 일을 하는 사람은 뭔가 돈이 될 만한 비즈니스가 없는지, 돈을 벌 수 있을 만한 상품이 없는지, 이익이 될 만한 상품은 없는지를 찾는다. 그러나 돈 되는 일을 하는 사람은 고객에게 제공할 수 있는 최고의 체험은 무엇일지를 생각한다. 마침내 그 대답을 찾아낸다면 비즈니스는 일회성이 아니라 지속성을 갖게 된다.

6명의 법칙:
비즈니스 모델은 위기에 만들어진다

{ [돈 안 되는 생각] 고객이 적으면 실망한다.
[돈 되는 생각] 적은 고객에게 감사한다. }

"신규 프로젝트 설명회에 사람이 모이지 않아서 고민이에요. 현재 6명 정도인데 앞으로 20명만 더 오면 좋겠어요."

이렇게 미간을 잔뜩 찌푸린 얼굴로 상담을 요청하는 고객이 있었다. 이처럼 돈 안 되는 일을 하는 사람은 예정된 인원이 모이지 않으면 숫자만을 보고 실패했다고 생각해 우울해하고 어찌할 바를 모른다. 물론 1부에서 배운 것처럼 상대방에게 전달하는 말을 연구해서 사람들을 모을 수도 있지만, 혹시 심혈을 기울여 문장을 만들었는데도 불구하고 예정된 인원수가 모이지 않았다면 돈 되는 일을 하는 사람은 다른 가능성을 생각한다.

예를 들면 설명회가 끝난 뒤에 모인 고객을 대상으로 문의 및 상담을 받는 시스템이 제대로 갖춰지지 않았다면, 고객이 많이 모일수록 문제가 커진다. 따라서 일단 이 고객들이 충분히 만족할 수 있도록 최선을 다하고, 회사의 발전을 위해 고객들의 이야기를 충분히 듣기로 생각을 전환하는 것이다. 마침 숫자도 아주 적합한 '6명'이다.

또 사내 각 부문의 협력 체제가 부족하여 결과적으로 고객을 많이 모으지 못했다는 점을 깨달은 경우, 이 위기를 당신이 리더십을 발휘할 수 있는 최고의 기회로 삼을 수도 있다. 즉 기대와는 다른 상황이 생겼을 때 실패라고 생각하지 않고, 훌륭한 비즈니스 모델을 만들기 위한 도전이라고 바꾸어 생각하면 신기하게도 일이 잘 풀리게 된다. 즉 실패한 체험이 성공을 위한 준비 과정이 될 수도 있는 것이다.

당신의 부름에 6명이 응답하면 가치 있는 프로젝트가 시작된 것이다. 왜냐하면 회사 창업자들에 의하면 회사를 설립했던 초창기의 고객 수가 거의 6명 정도였다고 하기 때문이다. 그래서 6명은 앞으로 회사의 핵심적인 협력자가 될 수 있다. 이 6명과 깊은 유대관계를 맺으면서 수요를 확보해놓으면 6명을 60명으로, 그리고 그 60명을 단숨에 6,000명으로 충분히 늘릴 수도 있다.

모인 고객 수가 적다고 한탄하고 있을 게 아니라, 고객 리스트를 보고 신청해준 것에 감사하면서 그들이 최고라고 느낄 수 있는 자리를 만들기 위해서는 무엇이 필요할지를 생각하라. 그것이 모인 고객뿐 아니라 비즈니스 모델을 만들기 위한 큰 힌트가 된다.

공동 성장의 법칙:
고객과 함께 성공하라

{ [돈 안 되는 생각] 어떻게 하면 내 실적을 올릴 수 있을까?

[돈 되는 생각] 관심을 갖게 하려면 무엇부터 전달해야 할까? }

많은 비즈니스맨은 비즈니스 모델이라는 말을 들으면 아주 잘 정리된 기획서를 떠올릴지도 모르겠다. 잘 정리된 고객, 상품, 채널, 수익과 비용 등이 톱니바퀴처럼 맞물려 수익을 창출해내는 개념으로 말이다. 이러한 모델은 이미 완성된 비즈니스를 이해하거나 아이디어를 정리하기에는 훌륭하지만, 사실 기획서대로 비즈니스가 이루어지는 경우는 극히 드물다. 비즈니스 모델이란 거기에 관여하고 있는 사람들의 경험이 쌓이는 과정이 있어야 비로소 피가 통하고 움직이기 시작하기 때문이다.

그렇다면 비즈니스 모델에 피를 통하게 하기 위해 가장 중요한 것은 무엇일까? 바로 그것은 사외(고객)와 사내(동료)의 정보 전달 및 교류이다.

예를 들어 당신이 고객의 불만 사항을 사내에 전달한다고 가정하자. 그러면 사내에는 긴장감이 돌 것이며 고객의 불만을 해소하기 위해 각 부문이 협력하기 시작할 것이다. 당연히 의견 충돌이 발생할 것이고 그것을 극복하는 과정도 생길 것이다. 이런 과정을 거치면서 회사는 성장하고 발전할 것이다.

한편 고객은 고객 나름대로 사원이 갈등을 극복하고 사업을 키워나가는 모습을 보고 감동을 받는다. 회사의 성장을 자신의 인생에 빗대어보면서 진심으로 응원하게 된다.

즉, 이 얘기는 사내에서 서로 협력하고 교류하는 과정이 있어야 고객에게도 설득력 있는 이야기를 전달할 수 있다는 뜻이며, 이를 바탕으로 예상 외로 큰 매출을 올리게 된다는 것이다.

돈 안 되는 일을 하는 사람은 자신의 의견을 강요하기 때문에 많은 반대에 부딪혀 결과적으로 조직이 경직화된다. 그리고 혼자서만 경험을 쌓고 이력서에 표면적인 실적을 기재한 뒤

이직해버린다.

반면에 돈 되는 일을 하는 사람은 함께 키우고 공감을 얻으며 함께 움직여간다. 그 결과 비즈니스 모델에 피가 통하기 시작한다.

구체적으로 예를 들면, 각 부서에서 사람을 뽑아 단기간 프로젝트 팀을 만들어 의견을 교환하는 자리를 마련하는 식이다. 다른 사원들과 고객들의 의견을 들어보며 그 의견을 존중하고 반영한다. 이를 통해 자신이 관여하고 있다고 생각하는 사람, 이런 과정이 본인의 실적이 되고, 공부가 된다고 생각하는 사람이 늘어나게 된다. 사내 직원들의 의견을 듣고 협력하는 과정이 있어야 그 후에 고객의 마음을 움직일 수 있게 된다.

건설적 포기의 법칙: 현실과 타협하지 마라

{ [돈 안 되는 생각] 현실적으로 생각하면 지금이 물러나야 할 때이다.
[돈 되는 생각] 미래를 내다보면 지금이 돌파구이다. }

프로젝트는 일직선으로 굴러가지 않는다. 그런데도 대부분, 예정대로 프로젝트가 진행되지 않으면 실패했다고 여긴다.

예를 들어 '이 일은 이 날짜까지' 이렇게 엑셀에 적힌 공정표로 관리되고 있다고 가정해보자. 당신은 물론 정해진 날까지 일을 마치려고 노력하지만 현재 하고 있는 일이 너무 많아 공정표대로 진행할 수 없다.

일직선으로 프로젝트가 굴러가는 경우는 과거에 했던 일을 반복하는 작업뿐이다. 부품을 찍어내는 기계 같은 일을 할 때는 진행이 잘되지만, 창조적인 일을 해야 하는 일일수록 프로젝트는 예정대로 끝날 기미가 보이지 않는다. 일단 진행을 해봐야 보이는 정보 및 상황이 생기기 때문에 도중에 새로운 발상을 도입하지 않으면 프로젝트가 경직된다. 과거의 계획에 집착할수록 결과물은 과거의 것이 되어버리기 때문이다.

미래에 가치가 있는 프로젝트라면 반드시 스케줄 중반 또는 최종 단계에서 막다른 골목을 만나게 된다. 이것은 프로젝트가 초기의 예상을 훨씬 뛰어넘어 높은 수준으로 발전하려 한다는 징조이다.

막다른 길을 만나면 돈 안 되는 일을 하는 사람은 어떻게든 스케줄대로 진행하기 위해서 합리적으로 생각하자며 현실과 타협한다.

반대로 돈 되는 일을 하는 사람은 일단 프로젝트를 손에서 놓는다. 나비가 되기 위해서는 애벌레가 번데기 시기를 거쳐야 하는 것처럼, 일단 프로젝트에서 벗어나보는 것이다.

그렇다면 프로젝트를 벗어나 무엇을 할까? 바로 프로젝트가 완성됐을 때를 상상하며 최고의 미래를 먼저 그려본다. 그리고 지금 내가 행복해지려면 무엇을 해야 하는가 스스로 물어본다. 짧은 시간이라도 좋으니 진심으로 휴식을 취하면서 행복을 느껴본다. 연인 또는 가족과 영화를 보기도 하고 동료들끼리 술을 한잔해도 좋다.

그러면 갑자기 예상치 못한 해결책이 떠오르거나, 예상치 못한 사람에게 연락이 오거나, 단숨에 프로젝트에 돌파구가 생기게 된다. 정말로 가치를 낳는 프로젝트는 연속적으로 완성해가는 것이 아니라 비연속적으로 완성된다. 도약하기 전에는 한 번 짐을 내려놓아야 한다. 이것은 '건설적인 포기'이다.

단체줄넘기의 법칙: 작은 성공을 쌓아라

> [돈 안 되는 생각] 할 수 있다! 반드시 할 수 있다!
> [돈 되는 생각] 못 하는 게 이상하다.

오사카의 어느 초등학교에는 대단한 선생님과 학생들이 있다. 1,261번이라는 '오사카 부 단체줄넘기 대회 신기록'을 보유하고 있는 반의 선생님과 학생들이다. 대체 어떻게 초등학생들을 데리고 대회 신기록을 달성했을까?

선생님은 그 과정을 기록하기 위해 아이들에게 매일 연습 일기를 기록하게 했다. 그러다 나중에 되돌아보니 상당히 재미있는 사실을 알게 됐다. 아이들이 '우승하고 싶다'고 일기를 쓰던 단계일 때는 목표를 달성할 수 없었다. '반드시 우승하고 싶다'고 쓰기 시작한 단계일 때에도 목표를 달성할 수 없었다.

선생님은 실망하는 아이들에게 조금씩이라도 성공하는 기쁨을 알게 해주고 싶었다. 대회에서 우승하기 위해서는 1,200번 이상 뛰어야 했지만, 그것을 목표로 삼으면 실패할 때마다 아이들의 사기가 저하된다. 그래서 선생님은 '우승하기 위해서 100번씩 20번 뛰자'고 연습 방법을 변경했다.

그러자 연속해서 뛰는 횟수가 늘어나면서 아이들의 자신감도 늘어났다. 일기를 쓰는 아이들의 표현이 바뀌기 시작했다. '1,260번, 못 뛰란 법은 없지', '우승하지 못하는 게 이상한 거야'라고 쓰는 아이들이 반에서 3분의 1을 넘을 정도로 늘어났다. 그리고 얼마 지나지 않아 보기 좋게 대회 신기록을 달성했고 우승을 거머쥐었다.

이 에피소드는 비즈니스 리더에게도 큰 영감을 준다. 돈 안 되는 일을 하는 사람은 '반드시 할 거야!', '반드시 해내겠습니다!'라면서 자신과 주위 사람을 극한 상황으로 내몰면서 결과를 얻으려고 한다.

그러나 돈 되는 일을 하는 사람은 '실현하지 못하란 법은 없지', '성공하지 못하는 게 더 이상한 거야'라고 중얼거릴 수 있을 때까지 목표를 향해 작은 성공을 경험하면서 그 경험을 쌓아나간다.

여기서 중요한 포인트는 이러한 생각을 반드시 모든 사람이 하지 않아도 된다는 것이다. 모든 사람을 100% 변화시키는 것은 어렵다. 그러나 3명 중 1명이 성공을 확신하면 현실은 바뀐다. 우선 주위 사람 중 한 명을 당신의 프로젝트에 동참할 수 있는 사람으로 만들어보자.

4장

돈 되는 메시지를 만드는 방법

카피라이팅의 법칙:
감동은 한 줄로도 전달된다

> [돈 안 되는 생각] 어떤 정보를 전달할 것인가?
> [돈 되는 생각] 어떤 감정을 전달할 것인가?

당신의 글을 하루아침에 좋은 문장으로 만드는 방법이 있다. 단순하지만 상당히 강력한 방법이다. 사실 사람들은 대부분 글을 쓰는 전제조건을 착각하고 있다. 그 결과 소비자의 눈에 띄지 못하고 바로 쓰레기통으로 직행해버리는 글을 매일같이 쓰고 있는 것이다.

'글은 간결하게, 필요한 정보를 알기 쉽게 전달한다.'

이런 글이 좋은 글이라고 생각한다면 당신에게 적합한 직업은 공무원이다. 정확성이 생명이므로 높은 평가를 받겠지만 유감스럽게도 누구의 마음도 움직이지 못한다. 하지만 혹시 당신이 돈을 벌기 위한 글을 쓰고 싶다면 다음 한 줄을 잊지 않도록 메모해놓길 바란다.

'글은 정보를 전달하는 것이 아니라 감정을 전달하기 위해 쓰는 것이다.'

그렇다면 어떻게 하면 감정이 전달될까?

예를 들어 회사 설명회에 오는 고객들을 위해 길을 안내하는 문장을 쓴다고 생각해보자. 돈 안 되는 일을 하는 사람은 정보만을 전달한다. 그래서 문장의 첫머리는 '오시는 방법'이다. 그리고 '대중교통 안내'도 덧붙여놓는다. 간결하기는 한데 고객에게 설명회에 대한 기대나 회사에 대한 호감을 갖게 하기는 어렵다.

한편 돈 되는 일을 하는 사람은 반대로 문장을 다 읽은 고객이 어떤 감정을 갖길 바라는지를 생각한다. 만약 '이 회사는 고객을 소중히 여기는 회사구나' 또는 '배려심이 있네'라는 마음을 고객이 갖게 되기를 바란다면 다음과 같은 구성으로 글을 쓸 수 있다.

> 고객님과의 만남을 행복하게 기다리고 있겠습니다.
> 회사로 오시는 길은 아주 간단합니다.
> 신촌역에서 도보로 1분 걸립니다.
> 커다란 흰색 빌딩을 바라보면서 걸어오시면 됩니다.
> (이후 지도 게재)
> 추신, 회사의 정면에 있는 카페에서 파는 초콜릿 파이가 일품입니다.

그렇다. 마치 오랜만에 만나는 친구에게 편지를 쓰듯이 쓰는 것이다.

문장으로 어떤 '감정'을 전달하고 싶은가? 이 질문에 대답한 뒤 문장을 적으면 완전히 다른 단어들이 떠오르기 시작할 것이다. 말은 당신의 감정을 담을 수 있는 매개체이다.

얼굴 사진의 법칙:
이미지는 힘이 세다

{ [돈 안 되는 생각] '거짓말'이 안 보이도록 하자.
[돈 되는 생각] '얼굴'이 보이도록 하자. }

일단 다음 2가지 광고의 광고 클릭률과 계약 성사율을 비교해보자. 같은 내용을 광고하고 있지만 배너 광고 A는 사람의 얼굴 사진이 들어 있는 것이고, 배너 광고 B는 얼굴 사진을 포함하고 있지 않다. 이 사진 유무의 차이가 매출에는 어느 정도 영향을 미쳤을까? 실제 데이터를 살짝 공개하면 다음과 같다.

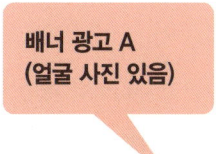

CTR(광고 클릭률): 0.137%
CVR(계약 성사율): 1.12%

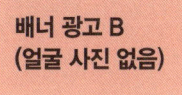

CTR(광고 클릭률): 0.134%
CVR(계약 성사율): 0.35%

무려 얼굴 사진이 있고 없고의 차이만으로 매출이 3.5배나 달라졌다. 이것은 한 가지 사례에만 해당하는 사례가 아니다. 마케팅 전문가용 전문 미디어 '마케진(MarkeZine)' 편집부의 기사(2014년 8월 25일 자)에 따르면 사람의 얼굴이 들어간 광고는 계약 성사율이 177%나 높다(보험 광고에 관한 조사)고 한다.

이렇게나 계약 성사율에 극적인 차이가 생기는 이유는 얼굴을 보이면 신뢰성이 높아지기 때문이다. 돈 안 되는 일을 하는 사람의 광고는 메시지를 보내는 곳이 어디인지 확실치 않다. 그 결과 혹시라도 거짓말을 하고 있는 건 아닐까 의심을 사게 될 수도 있다.

한편 돈 되는 일을 하는 사람은 얼굴이라는 일관된 이미지를 제공한다. 얼굴을 보여주는 것은 책임을 지겠다는 각오도 함께 보여주는 것이다. 반드시 당신의 얼굴이 아니어도 된다. 중요한 것은 회사의 얼굴이 될 만한 일관적인 이미지는 무엇인지를 생각하는 것이다. 그것을 결정하면 정보의 홍수 속에서 당신의 회사는 눈에 띄는 브랜드로 떠오를 계기를 붙잡게 될 것이다.

미끄럼틀의 법칙: 다음 문장이 궁금한 카피를 써라

[돈 안 되는 생각] 대단하다는 말을 들으려면 무엇을 전달해야 할까?

[돈 되는 생각] 관심을 갖게 하려면 무엇부터 전달해야 할까?

『첫 문장에 반하게 하라』의 저자이자 미국의 전설적인 카피라이터, 조셉 슈거맨의 명언 중에 다음과 같은 것이 있다.

'광고에 있어서 첫 문장의 목적은 두 번째 문장을 읽게 하

는 것. 두 번째 문장의 목적은 세 번째 문장을 읽게 하는 것이다.'

읽는 사람이 '미끄럼틀에서 미끄러지듯이' 문장 속으로 빨려들어가는 글이야말로 잘 팔리는 광고 카피라는 얘기다. 즉 '관심을 갖게 하기 위해서는 무엇부터 전달해야 하는가?'를 생각하면서 판매자가 있는 세계로 고객을 데리고 오는 길을 만들어야 한다.

돈 안 되는 일을 하는 사람은 광고 카피를 만들 때 우선 자사의 상품 설명부터 신나게 시작한다. '획기적인 다이어트 약!', '지방 연소 캡사이신 증량!'과 같이 상품의 특징을 나열한다. 이렇게 하는 것은 '지금부터 이 약을 팔겠습니다!'라고 선언하는 것이나 마찬가지이다. 고객은 문장을 읽지도 않고 도망치듯 사라져버릴 것이다.

하지만 돈 되는 일을 하는 사람은 일단 짧은 문장으로 읽는 사람의 흥미를 끈다. 다이어트 약일 경우, 첫 문장은 '다이어트하고 있어? 하고 친구가 물었지만', 읽는 사람은 여기까지만 읽고는 무슨 내용인지 모르기 때문에 자기도 모르게 계속해서 읽게 된다.

두 번째 문장이 '나는 아니라고 고개를 저었어요'로 이어지면 더욱더 다음 문장이 궁금해질 것이다. 그리고 세 번째 문장에서 '거짓말은 아니거든요. 왜냐하면 먹고 싶은 것을 실컷 먹고 있으니까요'라는 식으로 스토리를 만들어 고객을 끌어들인 다음 상품을 소개한다.

이렇게 고객을 끌어당기는 글을 생각할 때 쉬운 방법이 있다. 당신이 감동한 '고객의 후기' 중에서 인상 깊은 부분을 그대로 첫 문장으로 사용하는 것이다. 예를 들어 '말도 안 돼! 체중계가 고장 난 줄 알았어요', '이 약을 알게 된 건 정말 행운이에요'와 같은 고객의 후기를 인용하는 것이다.

세일즈 카피를 쓰는 기술은 스토리를 만드는 기술에 가깝다. 영화의 오프닝처럼 상품을 소개하는 쇼의 오프닝 대사를 생각해야 한다. 이것은 일상 속의 고객을 가치 있는 모험으로 안내하는, 그야말로 '예술'이라 할 수 있다.

고통 해결의 법칙:
고객이 듣고 싶은 이야기를 하라

{ [돈 안 되는 생각] 고객은 무엇을 필요로 할까?
[돈 되는 생각] 고객에게는 어떤 아픔이 있을까? }

세일즈 카피의 어드바이스를 요청하는 고객에게 나는 당신 회사의 상품은 어떤 아픔을 해결해줄 수 있느냐고 먼저 묻는다. 상대방은 당황하지만, 대답이 명확하지 않으면 그 회사의 상품을 돈을 주고 사는 사람은 없다고 봐야 한다.

예를 들면 당신이 일하는 여성을 지원하기 위한 어린이집 비교 사이트를 운영하고 있다고 가정하자. 이런 경우, 돈 안 되는 일을 하는 사람은 고객에게 사회 문제를 꺼낸다. '어린이집 부족이 심각한 요즘, 몇 개월에서 몇 년씩 대기해야 하는 대기 아동들이 사회적인 문제가 되고 있습니다'라고 얘기한다. 제3자의 입장에서 '아픔'을 얘기하는 것이다.

한편 돈 되는 일을 하는 사람은 고객의 아픔을 자신의 아픔으로 느끼고 자신이 도움이 될 수는 없을지 생각한다. 그 결과 대상자와 좀 더 가까워질 수 있다. 예를 들면, '어떡하죠? 올해도 추첨에서 떨어지셨나요? 그럴 때에 위안이 되는 최고의 엄마들이 여기에 있습니다'라는 식이다.

고객의 마음을 이해하고 확 와 닿는 글을 쓰려면 잡지에 나오는 기사 제목이나 광고 카피를 참고해보자. 재미있는 잡지의 글이나 제목을 발견하면 상품에 활용해보는 것이다.

예를 들면 '화장이 들뜨지 않는다. 밀리지 않는다'는 화장품 광고 카피를 어린이집 비교 사이트에 활용한다면 '어린이집 선택-엄마의 마음은 더 이상 들뜨지 않는다. 밀리지 않는다.' '패셔니스타는 지금 무엇을 입고 있을까?'라는 광고 카피는 '일 잘하는 엄마는 어린이집을 어떻게 선택할까?' 이렇게 활용하는 식이다.

이처럼 대상 고객이 읽을 것 같은 잡지의 광고 카피를 활용하면 회사와 고객 사이가 아니라 친한 친구와 스스럼없이 대화를 나누는 느낌으로 메시지를 전달할 수 있다. 물론 액세서리나 패션, 음식 등 소비자의 즐거움을 채워주는 사업은 아픔과는 아무런 상관이 없다. 그래도 자신의 취향에 딱 맞는 가게가 없다는 공허함이라는 아픔이 있을 수는 있다. 이런 경우에는 반대로 더 큰 기쁨을 표현할 수 있는 말을 떠올리면 된다. 아픔을 이해할 수 있으니 기쁨도 알 수 있다. 고객을 생각하는 마음이 가장 강력한 광고 카피이다.

상처받은 치유자의 법칙: 역경을 활용하라

> [돈 안 되는 생각] 지금까지 열심히 해왔는데 완전 최악이야.
>
> [돈 되는 생각] 장기적으로 생각하면 지금이 최고의 순간이다.

'상처받은 치유자(Wounded Healer)'라는 말이 있다. 자신이 상처를 받아도 다른 사람을 치유할 수 있는 사람을 의미한다. 대표적인 예로는 일본의 유명 록 가수 야자와 에이키치가 있다. 사기를 당해 30억 엔(약 320억 원)이 넘는 빚을 지게 되었지만 좌절하거나 포기하지 않고 무대에 올라 계속 희망을 노래하면서 그 빚을 다 갚은 것으로 유명하다. 그런 그의 모습은 팬들을 비롯해 많은 사람에게 깊은 감명을 주었다.

'상처받은 치유자'의 힘은 매출을 올릴 때 자연스럽게 도움이 된다. 왜냐하면 문제를 갖고 있는 고객에게는 장애를 극복했다는 경험 자체가 큰 위안과 공부가 되기 때문이다.

예를 들면 "런던에서 태어나 어린 시절을 외국에서 지냈고, 영어 성적도 학교 최상위 수준이었어요. 물론 외국인 친구도 많이 있었고요"라고 말하는 영어 강사가 있다고 하자.

한편 "이대로 가다간 회사에서 잘릴 것 같더라고요. 무슨 일이 있어도 3주 안에 회의에서 쓸 수 있는 영어를 배워야 했습니다." 또는 "말을 걸어도 무시당하기 일쑤였던 내가 톰 크루즈의 영어 발음을 완벽하게 흉내 내서 여자 친구를 사귀었어요!"라고 말하는 영어 강사도 있다. 만약 당신이 영어를 잘 못해서 배워야 한다면 어느 강사를 선택하겠는가?

이처럼 고난을 극복한 경험을 당신 혼자가 아니라 팀 전체가 함께 갖고 있을 때, 고객은 더 강한 인상을 받게 된다. 역경을 극복한 개발 성공담은 상품에 대한 열정을 효과적으로 전달할 수 있기 때문이다.

예를 들면 다음과 같다.

"드디어 어디에도 내놓을 수 있는 자랑스러운 상품을 출시했을 때, 최악의 사태가 일어났습니다."

"대량 주문이 들어와 우리들은 하늘을 날아갈 듯이 기뻤죠. 다 함께 축하하자며 축배를 든 바로 그 순간! 예상치 못했던 전화가 울렸습니다."

역경을 하나씩 극복할 때마다 고객에게 말할 수 있는 내용이 생겨나는 셈이다. 끝나지 않는 폭풍은 없다. 그래서 폭풍이 왔을 때를 기록한다. 최악의 상태를 사진이나 영상으로 기록해 두는 것이다. 그러면 나중에 크게 성공해 TV 프로그램에서 다루게 된다면 최고의 소재를 제공할 수 있을 것이다.

밑바닥으로 떨어지면 돈 안 되는 일을 하는 사람은 주위에 말할 핑계를 찾지만, 돈 되는 일을 하는 사람은 성공한 미래에 말할 수 있는 에피소드를 찾는다. 실패 경험은 사업 성장에 있어 필요불가결한 자산(리소스)이다.

카운트다운의 법칙: 고객의 상황을 고려하라

{ [돈 안 되는 생각] 상품을 빨리 팔아버리기 위해서는 어떤 제한이 필요한가?

[돈 되는 생각] 필요한 고객에게 제때 제공하기 위해서는 어떤 지원이 필요한가? }

아무리 자신에게 도움이 된다고 해도 사람은 변화를 두려워한다. 운동을 하는 것, 술을 줄이는 것, 영어를 배우는 것이 좋다는 것을 머릿속으로는 알고 있어도 실제 행동으로 실천하기는 어렵다. 나의 마음과 행동 사이에 큰 차이가 있는 것이다.

이 간격을 메우기 위해서는 시간 축이 강력한 효력을 발휘한다. 아무리 이상적인 미래가 기다리고 있어도 정해진 기한이 없으면 사람은 행동하지 않는다. 따라서 세일즈 메시지를 만들 때에는 마치 액션 영화에서 시한폭탄이 카운트다운되고 있을 때처럼 긴장감 넘치는 시간제한이 없을까 생각해보자.

타임 리밋(Time Limit)에는 '회사 상황', '고객 상황', '시장 상황' 등 3가지 유형이 있다. 회사 상황의 경우는 재고 정리 세일, 결산 이벤트, 폐점 정리 세일, 첫 판매 기념 한정 이벤트 등이 있다. 이 상품들은 거의 지나간 것들이라서 긴장감이나 절박함은 없다.

두 번째 '고객 상황'의 경우에는 예를 들어 '여름이 오기 전 날씬해지고 싶은 사람을 위한 3주 다이어트', '해외 출장 시 유용한 하룻밤 영어 회화'처럼 고객이 처한 상황을 상상하고, 고객의 시간에 맞출 수 있는 제안을 생각해보는 것이다. '3분만 시간을 내주시면 보험료가 얼마나 저렴해지는지 상담해드리겠습니다', '당장 이번 달부터 통화료를 아낄 수 있는 알뜰 핸드폰 판매'처럼 지금 당장 행동하지 않으면 손해라는 부정적인 측면을 강조하는 것도 효과적이다.

'과징금 환급기간이 다가오고 있습니다'라는 카피도 좋다. 환급기간은 최종 거래일로부터 10년이라서 사람에 따라서는 기한이 다를 수밖에 없다. 그런데 마치 지금 이 순간에도 스톱워치가 작동하고 있는 것 같은 긴장감을 준다.

세 번째 '시장 상황'의 기한은 매우 강력해서 고객의 반응을 최대한으로 끌어올릴 수 있다. '소비세 상승!', '보조금 신청 기한 임박', '새로운 법률 시행' 등 고객이 모르는 정보인 경우가 많기 때문에 그것을 알려주는 것만으로도 매출이 큰 폭으로 상승한다.

돈 안 되는 일을 하는 사람은 회사 상황의 기한만을 생각하기 때문에 회사의 이익만 챙긴다는 안 좋은 인상을 준다. 그러나 돈 되는 일을 하는 사람은 고객이 기한까지 행동하지 않을 경우의 손해를 생각하고 그것을 피할 수 있는 가장 적합한 제안을 한다. 어머니 같은 마음으로 고객을 챙기면서 동시에 매출을 올리고 있는 것이다.

예측하지 못한 경쟁 상대의 법칙: 의외의 적을 세워라

{ [돈 안 되는 생각] 경쟁 상대를 이기기 위해서는?
[돈 되는 생각] 경쟁 상대를 뛰어넘기 위해서는? }

크게 흥행한 영화에는 반드시 만만치 않은 적이 등장한다. 「스타워즈」의 루크 스카이워커에게는 다스 베이더, 「배트맨」에게는 조커가 있고, 「프라다를 입은 악마」에서는 주인공 안드레아를 괴롭히는 편집장 미란다가 있다. 드라마에서는 악역이 매력적일

수록 주인공이 빛난다.

비즈니스 세계에서도 적을 설정하면 당신의 회사는 더욱 돋보이게 될 것이다. 그러나 경쟁사를 적으로 돌리는 것은 시대착오적인 발상이다.

예를 들어 대형 기업을 경쟁사로 정하고 'TV에서 광고를 안 하는 만큼 광고비용을 고객님들에게 돌려드립니다'와 같은 식으로 대놓고 비교하는 방법을 쓰면 단기간에 매출은 오를지 몰라도 부작용도 크다. 그렇게 해서 모인 고객은 트집을 잡는 경우가 많고, 또 당신의 사업이 성장했을 때 이번에는 후발 기업에게서 비슷한 공격을 받게 된다.

그래서 당신의 상품과는 전혀 상관이 없는 상품을 '적'으로 설정해보는 방법을 추천한다.

예를 들면 정성이 가득한 감주를 제조 판매하는 주식회사 겐코우지 연구소(가고시마 현 기리시마 시)의 경우를 살펴보자. 이 회사 상품(감주)의 광고 카피는 '경쟁 상대는 고급 디저트', '감주의 당도는 18도. 잘 익은 망고와 같습니다'이다. 결코 동종 업계의 타사 상품과 비교하지 않는다. 참고로 이 감주의 가격은 2,000원 정도. 경쟁 상대가 고급 디저트 또는 망고이기 때문에 훨씬 더 저렴한 느낌도 든다.

비교 대상을 경쟁사의 상품이 아니라 전혀 예상치 못한 대상으로 바꾸면 가격 경쟁에서도 자유로워질 수 있다.

미국 테슬라 모터스의 최신 차종에는 공기 청정 기능으로 의료용 필터를 사용한다. 창업자 옐론 머스크는 이 필터를 '생화학 무기로 공격을 당했을 때에도 안심'이라고 설명하면서 무려 테러리스트를 적으로 설정했다.

돈 안 되는 일을 하는 사람은 동종 업계 타사를 적으로 간주하지만, 돈 되는 일을 하는 사람은 자사의 상품과 전혀 다른 상품을 재미있게 비교하거나 환경 파괴, 인종 차별, 빈곤 문제, 에너지 문제와 같은 사회적 문제를 적으로 돌리기도 한다. 그렇게 되면 경쟁사조차도 당신과 함께 싸우는 공동 전선에 세우는 셈이 되는 것이다.

누구나 같은 편이 될 수밖에 없는 공통의 적은 어디에 있을까. 그것을 찾으면 당신의 사업은 사명감을 띠고 더 넓은 시장으로 도약하기 시작할 것이다.

인생 한 방의 법칙:
돈보다 도전이 우선이다

[돈 안 되는 생각] 돈이 될 만한 상품은 없는가?

[돈 되는 생각] 도전할 만한 상품은 없는가?

관객을 매료시키는 인기 영화의 패턴이 있다. 그것은 바로 주인공이 강력한 적에게 공격을 당해 쓰러지기 일보 직전, 갑자기 기적이 일어나 한 방에 상황을 역전시키는 통쾌함이다. 매출을 올릴 때에도 이런 패턴을 사용해볼 수 있다.

예를 들어 수십 년째 같은 패턴으로 CF를 선보이는 비타민 음료 회사가 있다. 두 남자가 목숨을 걸고 모험을 하다가 위급한 상황에 몰린다. 그리고 쓰러지기 직전 마지막 힘을 짜내면서 '파이팅! 한 방에 끝!'이라고 외치고 위기를 탈출한다. 두 남자가 마시고 기적을 일으킨 음료가 바로 이 CF를 통해 판매하고자 하는 '리포비탄D'이다. 40년 가까이 '도전, 역경, 극복'이라는 변치 않는 패턴을 유지하고 있는 이유는 매출을 올리기 위한 가장 효과적인 홍보 방법이기 때문이다.

인생 한 방이라는 패턴을 응축한 문장 한 줄이 있다. 미국의 천재 카피라이터 조지 케이블즈가 미국 음악학교의 통신강좌용으로 제작한 역사에 남을 훌륭한 카피이다.

'내가 피아노 앞에 앉자 모두가 웃었습니다. 그러나 연주를 시작했더니!'

문장은 단 한 줄이지만 읽으면서 여러 가지 정경을 떠올릴 수 있다. 이 카피가 쓰인 것은 1925년. 무려 90년 전 일이지만 지금도 이 문장으로 시작되는 광고로 상품을 설명하면 갑자기 물건이 잘 팔리기 시작한다.

예를 들어 이런 식이다.

'내가 헬로(Hello)라고 말하자 모두가 웃었습니다. 그렇지만 영어로 말하기 시작했더니!'

'내가 서울대에 원서를 넣는다고 하자 모두가 웃었습니다.

그렇지만 합격통지서를 내밀었더니!'

'내가 와인 메뉴판을 집어 들자 모두가 웃었습니다. 그렇지만 소믈리에와 대화를 시작했더니!'

돈 안 되는 일을 하는 사람은 상품 자체를 묘사하려고 하지만, 돈 되는 일을 하는 사람은 상품이 빚어내는 드라마를 묘사한다. 그 드라마가 많은 사람의 가슴을 울리는 것은 당신이 도전을 그만두지 않기 때문이다. 당신도 자신의 상품에 대해서 다음과 같은 빈칸을 채워보길 바란다.

'내가 ○○한다고 하자 모두가 웃었습니다. 그렇지만 ○○를 시작했더니!'

거절하지 못하는 표현의 법칙: 구매 효과를 나열하라

> [돈 안 되는 생각] 이 상품은 ○○입니다.
>
> [돈 되는 생각] 이 상품을 활용하면 ○○할 수 있습니다.

상품의 가격을 매력적으로 전달하기 위해서는 적어도 7개 이상, 고객에게 주는 이익을 나열할 수 있어야 한다. 그 표현 공식을 소개하자면 다음과 같다.

| 상품의 가격을 매력적으로 전달하는 7가지 방법 |

1 ㅇㅇ(상품 이익 1)할 수 있게 된다.

2 ㅇㅇ(상품 이익 2)가 될 수 있다.

3 ㅇㅇ(상품 이익 3)할 수 있게 된다.

4 ㅇㅇ(상품 이익 4)가 된다. 또

5 ㅇㅇ(상품 이익 5)가 될 수 있다.

6 ㅇㅇ(상품 이익 6)할 수 있게 된다. 심지어

7 ㅇㅇ(상품 이익7)이 될 수 있다!

번호를 매긴 항목을 7개 이상 나열해서 보여주면 고객은 '이렇게나 많은 효과가 있구나!'라고 놀라게 된다. 사람은 6명이 모이면 하나의 화제로 대화를 나눌 수 있지만, 7명이 모이면 4명과 3명으로 화제가 나뉘듯이, 7개 이상은 하나로 묶어서 생각하기 어려워하는 경향이 있다. 이것을 응용하자면 효과를 7개 이상 나열하면 구입할 가치가 있는 상품이라는 생각이 들게 된다는 뜻이다.

　또 '이 상품은 ○○입니다'라고 기능을 설명하는 것은 판매자 관점이지만, '○○할 수 있게 된다', '○○가 될 수 있다'라는 표현은 고객이 상품을 사용하고 있는 모습을 상상하기 쉽게 만들어주는, 즉 구매자 관점이다. 따라서 상품의 특징을 7개 이상 생각하고 그것을 '○○할 수 있게 된다', '○○가 될 수 있다'라는 2가지 패턴으로 표현하는 것이 좋다. '또', '심지어'와 같은 표현을 써서 다른 항목과 차별되게 조금 더 부가 설명을 하면 많은 항목을 다 읽기에도 편하다.

　돈 안 되는 일을 하는 사람은 상품을 성의 없이 설명한다. 왜냐하면 상품 지식을 잘 모르고 있기 때문이다. 한편 돈 되는 일을 하는 사람은 상품을 깊이 사랑하고 있기 때문에 고객에게 맞는 다양한 관점에서 설명할 수 있다. 상품을 사랑하면 할수록 고객에게 전달하는 상품 가치는 높아진다. 상품 설명은 고객에게 보내는 러브레터이다.

우선 제공의 법칙: 최고부터 보여줘라

> [돈 안 되는 생각] 일단 처음에는 평범한 체험을 제공한다.
>
> [돈 되는 생각] 최고의 감동을 주는 엄청난 체험을 제공한다.

당신이 기획한 최고의 사업에 고객을 초대하기 위해서는 시행착오가 필요하다. 앞에서도 언급했지만, 고객 한 명을 획득하는 데에 평균 10만~20만 원이 넘는 비용이 든다. 그래서 사업을 궤도에 올리기 위해서는 먼저 무엇을 제공하고 그다음에 무엇을 제공할 것인지, 고객을 유치하는 모델을 조정하면서 확립해야 한다.

첫 번째 방법은 일단 어찌됐든 무료로 사용해보도록 하는 것이다. 무료 샘플, 무료 사용, 무료 모니터, 무료 다운로드, 무료 설명회 등. 일단 무료로 상품을 제공한다. 예전에는 무료 샘플 광고를 내면 잠재 고객의 신청이 쇄도했고, 실제로 그 고객 중 10~20%는 상품을 구매했기 때문에 효과적으로 고객을 획득할 수 있었다. 그러나 최근에는 무료 샘플을 나누어주는 회사가 너무나도 많아졌다. 고객도 여러 회사의 샘플을 받아보기 때문에 자신이 신청했던 샘플이 뭐였는지도 잊어버리기 일쑤이다.

이럴 때에는 두 번째 방법을 시도해볼 가치가 있다. 정말로 팔고 싶은 메인 상품으로 자연스럽게 연결될 수 있는 낮은 가격의 상품(프런트엔드 상품)을 먼저 판매하고, 회사에 대한 신뢰를 심어준 단계에서 메인 상품(백엔드 상품)을 사도록 하는 것이다. 이렇게 되면 신청 인원수는 적어지지만 매출로 광고비의 일부를 회수할 수 있으며, 뜨내기손님도 줄기 때문에 초반에 우량 고객을 끌어들일 수 있다는 장점이 있다.

세 번째는 처음부터 메인 상품을 파는 정공법이다. 자동차나 주택, 부동산이나 관혼상제 등 재구매가 적은 업종은 순이익이 충분히 있기 때문에 처음부터 메인 상품을 팔 수 있다. 또 어느 정도 브랜드 인지도를 얻은 상품이나 이미 성장기에 진입한 상품은 조용히 있어도 고객이 먼저 상품을 찾기 때문에 처음부터 팔고자 하는 상품을 팔아도 상관없다.

무엇이 효과적인지는 상품 및 가격에 따라 다르기 때문에 조정 기간이 필요하다. 또 수익에 직결되기 때문에 실험 과정을 생략해서는 안 된다. 어떤 경우라도 가장 중요한 원칙은 최고의 상품을 현실과 타협하지 않고 고객에게 전달하는 것이다.

요즘은 변화의 속도가 너무나 빠르기 때문에 고객이 크게 감동해 주위에 소문을 낼 수밖에 없는 제품을 제공해야 살아남을 수 있다. 돈 안 되는 일을 하는 사람은 아깝기 때문에, 무료라는 이유로 그저 그런 상품을 제공한다. 그러나 돈 되는 일을 하는 사람은 현실과 타협하지 않고 무료라 하더라도 고객에게 최고의 놀라움을 제공한다.

효과적인 증거의 법칙: 고객을 드러내라

{ [돈 안 되는 생각] 이 상품의 매력을 당신에게 알려드리겠습니다.

[돈 되는 생각] 이 상품의 매력을 당신이 말해주십시오. }

상품을 제안할 때 당신이 반드시 준비해야 하는 것은 바로 '구체적이고 효과적인 증거'이다. 이것은 고객이 상품과 회사에 신뢰를 갖도록 하는 다량의 다면적인 정보를 말한다. 구체적으로는 수상 이력, 표창 이력, 매스컴 보도, 일류 기업과의 거래 실적, 그리고 고객의 후기 등이지만, 그중에서도 가장 중요한 것이 고객의 후기이다.

고객의 후기는 정말 강력하다. 인터넷 서점에서 책을 고를 때 독자 리뷰를 읽지 않고 사는 사람은 드물 것이다. 다른 사람이 쓴 리뷰를 보면 그만큼 안심하고 책을 고를 수 있기 때문이다. 온라인 쇼핑몰에서 후기를 작성하면 제품을 할인해주는 혜택이 있을 정도로 양질의 리뷰를 모으는 일은 훌륭한 카피라이터를 고용하는 것만큼이나 중요하다.

고객의 후기를 모을 때 중요한 것은 '영향력'과 '진실성'이다. 영화 광고에는 각계각층 유명 인사들의 응원 인터뷰나 감상 인터뷰가 많이 나온다. 주요 고객층에게 영향력을 지닌 한 사람의 감상을 얻기 위해 프로모션 담당자는 엄청난 시간과 노력을 들인다. 일반적인 상품에 영향력이 있는 사람은 연예인·스포츠 선수·작가 등 유명인 또는 의사·변호사·회계사·대학 교수 등 전문 직업인이다. 따라서 이런 엄선된 사람들의 감상을 7개 이상 모으도록 노력하길 바란다.

돈 안 되는 일을 하는 사람은 고객을 '익명' 또는 이니셜로 소개한다. 또 인터넷 쇼핑몰의 후기라면 좋은 얘기만 있는 후기만 남기려고 한다. 그러나 그렇게 해서는 오히려 의심을 산다. 그러나 돈 되는 일을 하는 사람은 '진실성'을 위해 될 수 있으면 고객의 후기에 본명이나 얼굴 사진을 게재해도 되겠냐고 고객에게 협력을 부탁한다.

이런 협력은 상품을 사용해보고 애착을 갖고 있는 고객 입장에서는 오히려 즐거움이 된다. 당신의 회사와 교류가 깊어지면 자신의 블로그나 SNS에 소개하거나 사용하고 있는 모습을 동영상으로 찍어 올리기도 하면서 상품 전도사로 활약하는 고객이 나올 수도 있다.

이처럼 지금은 상품을 알리는 과정이 고객과의 공동 작업으로 변모했다. 우리 회사의 상품으로 고객은 어떤 활동을 하는 것을 기뻐할까? 이와 같은 고객과의 공동 작업 결과로 나온 교류야말로 '구체적이고 효과적인 증거'가 된다.

대담한 보장의 법칙: 환불을 겁내지 마라

{ [돈 안 되는 생각] 환불을 보장해주면 회사에 '손해'
[돈 되는 생각] 환불을 보장해주면 회사에 '이득' }

최근에는 금액을 전액 환불해준다는 광고가 늘고 있다. 아사히 음료의 캔 커피 브랜드 '원더'는 상품을 리뉴얼하면서 '만족하지 못한다면 전액 환불!'이라는 행사를 진행했다. 전기면도기 회사 브라운도 '수염을 남김없이 면도할 수 있습니다! 만족하지 못하실 경우, 전액 환불'이라고 대대적으로 선전한다. 심지어 프로야구 요코하마 DeNA 베이스터즈도 '전액 환불!? 뜨겁다! 티켓'이라는 제목으로 시합에 지면 티켓 요금을 전액 환불해주는 행사를 실시했다.

모두 기간이 한정된 기획이지만 이런 행사에는 3가지 효과가 있다. 먼저 상품의 품질에 대한 신뢰성을 높여준다. 당신의 상품에 대해서 아직 많은 고객이 모르는 경우, 과감하게 전액 환불이라고 외치면 품질에 대한 신뢰를 단숨에 획득할 수 있다. 고객은 '전액을 환불해줄 정도로 자신이 있단 말인가? 진짜인가?'라는 생각이 들어 손해 볼 것 없겠다는 마음으로 마음 편히 구매해 시험해볼 수 있는 것이다.

두 번째 효과는 고객의 증가이다. 실제로 전액 환불을 요구하는 사람은 아무리 많아도 전체 구매자의 5%에 지나지 않는다. 그러나 지금까지 관심만 갖고 있었던 고객이 이 광고를 통해 구매를 결정하는 경우가 많아, 고객 수가 15% 늘어난다고 해도 결과적으로 상당히 효과적인 고객 획득 방법이다. 만족을 보장하기 때문에 품질의 우수성이 널리 알려지게 되므로 브랜드의 힘을 높이고 싶은 회사 입장에서는 환불을 보장하는 것이 할인하는 것보다 훨씬 현명한 선택이 되는 셈이다.

그리고 세 번째 효과는 품질 관리이다. 환불 요청이 너무나도 많은 경우, 예를 들어 10%라면 그것은 품질이 상당히 나쁘다는 뜻이다. 이럴 때는 반품된 경우를 면밀하게 분석해 상품을 개선하는 좋은 기회로 활용할 수 있다.

돈 안 되는 일을 하는 사람은 이러한 만족 보장 기획의 장점을 모르기 때문에 '전액 환불했다간 크게 손해를 볼 것이다', '보장을 악용하는 고객이 있을 것이다'라면서 반대한다. 그에 비해 돈 되는 일을 하는 사람은 만족을 보장함으로써 늘어나는 고객을 생각하기 때문에 어중간하게 하는 것은 의미가 없다고 생각한다. 그리고 만족을 보장하면서 동시에 회사에 이득이 되는 방법은 뭐가 있을지, 더욱 대담한 기획을 생각한다.

자랑스럽게 생각하는 상품일수록 만족 보장 기획을 악용하는 사람을 대응하는 것은 사원들에게는 힘든 일일 것이다. 그러나 '전략적으로' 이 기획을 활용한다면 한층 더 훌륭한 조직으로 성장할 것임에 틀림없다.

간단한 교환의 법칙:
심플하게 사게 하라

> [돈 안 되는 생각] 사내의 업무 과정을 간단하게
>
> [돈 되는 생각] 고객의 주문 과정을 간단하게

고객의 돈과 회사의 상품이 교환되는 순간에는 최대한 간단한 방법을 써야 한다. 왜냐하면 아무리 정성을 쏟아서 좋은 상품을 만들어도, 아무리 매력적인 광고 카피로 고객을 끌어와도 구입 절차가 까다로우면 그만큼 매출은 줄어들기 때문이다.

웹 사이트의 장바구니에 상품을 넣은 채로 사지 않고 나가 버리는 이탈 고객 비율은 평균 25~30%이다. 실제 매장이라고 생각해보면 구입한 물건을 카트에 넣고 계산대에 줄을 섰는데 계산하는 게 귀찮아서 가버리는 사람이 10명 중 2~3명이나 있다는 뜻이 된다.

또 다음번 쇼핑에 편리하도록 회원 등록을 유도했다고 해도 비밀번호를 잊어버리는 확률(패스워드 리셋 요청 비율)은 약 40%. 이것도 실제 매장이라고 생각해보면 다시 찾아오는 손님 10명 중 4명이 입구를 몰라서 돌아가버린다는 뜻이다.

웹 사이트가 일반 소비자의 생활에 침투하면서 판매자와 구매자가 모두 24시간, 365일 움직일 수 있게 되었지만, 그 결과 비즈니스는 고도로 전문적이 되었다. 회사 정보를 표시하려고 해도 컴퓨터, 태블릿, 스마트폰 등 다양한 화면 사이즈가 있고, 자주 찾는 고객에게 정보를 안내할 때에도 다이렉트 메일, 메일 매거진, 페이스북, 트위터, 라인, 전화를 비롯해 여러 가지 방법이 있다. 이러한 온갖 변수에 대응하는 복잡한 작업을 고객에게 최대한 단순하게 보이도록 하려면 마케팅 담당자가 한 명이어서는 안 된다.

아마존은 고객에게 조금이라도 빨리 상품을 전달하기 위해 30분 이내로 배송하는 드론을 개발하기도 하고, 조금이라도 주문하는 번거로움을 줄이기 위해 '대시 버튼'을 누르기만 하면 바로 상품을 발주할 수 있는 버튼을 무료로 나누어주고 있다. 이와 같은 고객 서비스의 혁신은 복잡하게 얽혀 있는 사내 부문이 서로 연계할 수 있어야 비로소 가능해진다. 그래서 당신은 '고객의 번거로움을 완전히 없애기 위해서는 어떻게 해야 할까?'라는 생각을 해야 한다.

돈 안 되는 일을 하는 사람은 사내 부서 간의 이해관계를 배려해 복잡함을 강요한다. 돈 되는 일을 하는 사람은 사내 부서 간의 연계를 생각해 고객에게 편리함을 제공한다. 돈을 지불하는 순간, 고객이 상품의 품질보다도 먼저 느끼는 것은 당신 회사의 팀워크이다.

보이지 않는 배려의 법칙: 포장에 마음을 담아라

[돈 안 되는 생각] 상품 포장은 상품을 포장하는 것
[돈 되는 생각] 상품 포장은 회사를 포장하는 것

'풀필먼트(Fulfillment)'라는 말이 있다. 상품 출하 시의 포장 작업을 이르는 말인데, 풀필(Fulfill)은 마음을 채운다는 뜻이다. 즉 포장 작업은 고객 만족으로 직결되는 상당히 중요한 일이라는 얘기이다.

상품을 배송할 때 돈 안 되는 일을 하는 사람은 상품 패키지에만 신경 쓴다. 한편 돈 되는 일을 하는 사람은 그와 동시에 상품 패키지를 넣어서 보내는 박스에도 정성을 다한다.

방법은 3가지가 있다. 하나는 박스에도 자사의 브랜드 이미지를 표현하는 것이다. 고객은 검색을 통해 가장 저렴한 회사에서 상품을 구입하기 때문에 어떤 회사에서 샀는지 기억하지 못하는 경우가 많다. 그러니 고객이 당신의 회사를 잘 기억하도록 하려면 광고, 웹, 상품 패키지, 포장 상자 모두 일관된 브랜드 이미지로 통일해야 한다. 광고와 웹 페이지를 같은 느낌이 나는 디자인으로 하기만 해도 확연하게 계약 성사율이 상승한다. 브랜드 이미지를 통일하면 재구매율도 올라갈 것이다.

두 번째는 상자의 내용물이다. 상품과 주문 목록 말고도 고객에게 보내는 감사 메시지를 동봉하고 있는가? '포장 통신'이라는 뉴스 레터를 상자 안에 넣어 보내는 회사가 있다. 포장 작업을 하는 사원이 창고에서 즐겁게 일하는 모습을 실은, 직접 만든 신문이다. 처음에는 계절 인사 정도만 적었지만 시간이 지나면서 육아의 고충을 얘기하기도 하고 애완동물 사진을 싣기도 했다. 나중에는 재고의 움직임을 파악해서 추천 상품을 소개하고 이벤트 안내까지 하게 되었다. 그러자 눈에 띄게 재구매 비율이 늘기 시작했다.

세 번째는 포장을 보내는 배송업자에 대한 배려이다. '중요한 고객에게 보낼 상품이 들어 있습니다', '언제나 정성스럽게 배송해주셔서 감사합니다'와 같은 메시지가 적혀 있는 상자를 본 적이 있을 것이다. 상품을 건네는 택배원을 위로하면서 동시에 고객도 만족시킬 수 있는 방법이다. 고객에게 돈을 받는 순간에서 끝내지 말고 고객이 상품을 손에 받아들기까지 모든 과정에서 배려를 잊지 말자.

보이지 않는 부분까지 어떤 식으로 배려하면 관여된 모든 사람이 응원하고 협력해주게 될까? 풀필먼트란 결국 사회 전체를 만족시키는 작업이기도 하다.

끼워 팔기의 법칙:
더 만족시키려면 더 팔아라

{ [돈 안 되는 생각] 더 팔기 위해 끼워 판다.
[돈 되는 생각] 더 만족시키기 위해 끼워 판다. }

조금만 생각하면 매출을 쉽게 올릴 수 있는 간단한 방법, 그것이 업 세일이다. 맥도날드에서 흔히 하는 "프렌치프라이를 같이 주문하시는 건 어떠세요?"라는 질문이 가장 잘 알려진 예이다. 이른바 '끼워 팔기'라 불리는 세일즈 방법을 말한다. 이런 끼워 팔기가 필요 없는 회사는 없다. 이것만으로 사업의 채산성이 갈리는 분기점이 되기 때문이다.

예를 들어 당신이 화장품을 판매한다고 가정하자. 고객 한 명을 모으는 광고비용에 8만 원이 든다고 하면 그 비용을 최대한 빨리 이익에서 회수해야 한다. 스킨을 1병 판매했을 때 이익이 1만 원이라고 한다면 8병을 팔아야 겨우 광고투자 비용을 회수할 수 있게 된다. 바꿔 말하면 적어도 8개월 동안은 완전히 적자란 뜻이다.

그런데 '이것도 같이 하시는 건 어떠세요?'라면서 에센스를 판매했다고 생각해보자. 에센스를 판매했을 때 이익이 2만 원이라고 하면, 3회 정도 같이 팔면 채산이 맞는다. 게다가 크림을 판매했을 때 이익이 3만 원이라고 하면, 같이 팔 경우 다음 판매 시부터 순이익이 나게 된다.

이처럼 투자 회수를 할 수 있는 시기를 알게 되면 회사의 성장이 순식간에 빨라진다. 몇 개월만 지나면 확실한 이익을 얻을 수 있다는 것을 예측할 수 있으니 광고를 내면 낼수록 고객과 돈이 모이게 되는 것이다.

그러나 끼워 팔기를 기술적으로 하기 시작하면 고객은 오히려 떠나간다. '업 세일(Up Sale)'이 아니라 '업 서브(Up Serve)'라는 개념을 갖는 게 중요하다. 서브는 '봉사'란 뜻이고 '업 서브'는 고객을 위해 더 많이 봉사한다는 뜻이다. 이처럼 단어를

'세일'에서 '서브'로 바꾸기만 해도 고객에게 적합한 상품을 제안할 수 있게 된다.

매뉴얼을 보고 하는 영업 토크는 일시적으로는 매출을 올려주겠지만 구입 후에 후회한 고객이 떠나간다. 한편 고객을 진심으로 걱정하면서 고객의 행복을 마치 자신의 일처럼 생각한다면 고객과 대화를 통해 필요한 제품이 무엇인지도 알게 되고 구매 단가는 자연스럽게 올라간다. 앞으로는 '서브'를 철저하게 실천하는 회사가 결국 고객의 선택을 받는 시대가 될 것이다.

소비자 성공의 법칙:
판매가 끝이 아니다

[돈 안 되는 생각] 팔릴 때까지 노력하자.

[돈 되는 생각] 팔고 나서도 노력하자.

커스터머 서포트(Customer Support), 즉 고객 지원이라는 말은 많이 들어봤을 것이다. 이제는 '지원'만으로는 충분하지 않다. 앞으로는 '커스터머 석세스(Customer Success)', 즉 고객의 성공을 이끌어야 하는 시대이다. 고객이 성공할 때까지 비즈니스는 진화해야 하는 것이다.

실제로 미국에서는 고객 지원 부서 대신에 고객 성공 부서를 설치하는 회사가 늘고 있다. 또 '커스터머 석세스 매니저'라는 직함도 등장하기 시작했다. 대체 왜 미국에서 고객 성공이 강조되기 시작했을까? 그 이유는 최근 몇 년간 IT업계 사업 모델의 성패가 확연하게 갈리고 있기 때문이다.

얼마 전까지만 해도 미국의 애플리케이션 업계에서는 '프리 모델'이라는 판매 방식이 크게 유행했다. 무료로 애플리케이션을 제공하고 최대한 많은 유저에게 상품을 써보게 한 뒤 유료 플랜으로 이행하는 방법이다. 인터넷으로 무료 배포할 수 있는 상품이 있는 회사는 일제히 '프리 모델' 방식을 실천하고 매출이 오르지 않더라도 많은 유저 수를 확보해 단기간에 주식 상장을 목표로 했다.

그러나 이 프리 모델로 사업이 크게 성장한 회사들은 모두 공통점이 있었다. 그것은 무모하게 유저 수를 확보하기보다 초기 단계에서 소수의 유저를 철저하게 만족시켜 그들이 원하는 것을 성공시켰다는 점이었다. 즉 성공한 유저가 중심에 있지 않으면 아무리 무료 유저가 늘어도 매출은 오르지 않는다는 것이 판명된 것이다.

그 결과 미국에서는 게인사이트(Gainsight)사를 비롯해 고객 성공 매니지먼트를 제공하는 회사가 급속하게 등장하기 시작했고, 심지어 고객 성공 대학도 설립 중이다. 지원에서 성공으로, 이 흐름은 미국에서 완전히 뿌리를 내렸기 때문에 일본이 그렇게 되는 것은 시간문제이다.

"고객님의 성공이 저희의 성공입니다. 만족만으로는 만족할 수 없습니다. 저희는 성공을 제공합니다."

이런 말을 하게 되는 시대가 이제 곧 다가올 것이다.

5장

사원에서 사장으로,
장사에서 사업으로

전략적 제안의 법칙: 잘하는 것을 내보여라

> [돈 안 되는 생각] 모든 것을 해낼 수 있습니다.
> [돈 되는 생각] 저희 회사의 강점은 ○○입니다.

어느 인기 있는 식당에서 있었던 일이다. 새로 들어온 직원이 고객에게 물을 서빙하자 주인이 호되게 그 직원을 꾸짖었다.

"우리 식당은 단돈 6,000원으로 배불리 먹는 곳이라서 물은 셀프 서비스라고! 물을 갖다드리는 건 더 비싼 식당이란 말이다!"

　이 식당 주인은 기업 문화가 실적에 주는 영향을 아주 잘 이해하고 있다.

　회사의 전략은 셋 중 하나이다. '창조 전략'이거나 '효율 전략'이거나 '고객 전략'이다. 이 식당은 '효율 전략'을 취하는 곳이다. 창업 당시부터 메뉴가 똑같고 식당도 확장하지 않은 채 전통의 맛을 계속해서 팔고 있다. 대학가에 있기 때문에 학생들이 부담스럽지 않도록 가격이 저렴하다. 그래서 언제나 학생 손님이 줄을 설 정도로 인기가 많다.

　혹시 이 식당이 '창조 전략'을 취하는 곳이었다면 다양한 메뉴를 개발했을 테고, 그 새로운 메뉴가 화제가 되어 지속적으로 손님을 끌어모았을 것이다. 만일 '고객 전략'이었다면 정중하게 고객을 맞이하고 고객의 얼굴을 기억하며 포인트 카드를 발급할 것이다. 비 오는 날이라도 손님이 잊어버린 물건이 있다면 우산도 쓰지 않고서 손님에게 달려갈 것이다.

　이러한 전략의 차이를 호텔 업계를 예로 들어 생각해보면, '효율 전략'을 취하는 곳은 어디든 균일한 서비스를 제공하는 홀리데이 인 호텔이고, '창조 전략'은 지역의 아티스트와 협력해 모든 객실을 이색적인 테마로 꾸민 미국의 ACE호텔, '고객 전략'은 최고급 호텔인 페닌슐라가 대표적인 예이다.

　돈 안 되는 일을 하는 사람은 회사 방침 속에 창조 전략, 효율 전략, 고객 전략이라는 말을 모두 사용한다. 그러나 이 3가지 전략은 각각 완전히 다른 성질을 갖고 있기 때문에 모든 것을 함께 활용할 수 있는 사람은 창업자뿐이다. 사장 이하의 사원은 이해관계가 심하게 얽혀 있어 이 전략들을 활용하기 어렵다. 심지어 어떤 한 전략만을 내세우는 경쟁사가 등장하면 반드시 고객을 빼앗긴다.

따라서 돈 되는 일을 하는 사람은 전략을 하나만 정한다. '3가지 전략 중에 우리 회사는 무엇을 가장 잘하는가?' 자사의 우위성을 파악하고 그것에 초점을 맞춘다. 사장에게 창조성이 있다고 해서 회사 전체가 창의성이 넘치는 건 아니다. 고객 대응을 잘하는 회사일 수도 있고 효율화가 장점일 수도 있다. 사장의 강점과 회사의 강점은 다르다는 것을 이해해야 비로소 회사는 강해진다.

신뢰 디자인의 법칙:
보이지 않는 가치에 투자하라

{ [돈 안 되는 생각] 브랜드 가치를 위해 멋진 로고를!

[돈 되는 생각] 브랜드 가치를 위해 팬을! }

일류 크리에이티브 디렉터에게 기업 이미지를 쇄신할 전략 및 로고 디자인 비용을 맡기면 약 10억 원이 든다. 이것을 TV CF를 비롯한 광고를 이용해 사내와 사외로 홍보하기 위해서는 수십억, 수백억 원씩 비용이 들기도 한다.

금액만 들으면 일반적인 회사가 브랜드를 만드는 일은 상당히 어렵게 느껴진다. 그러나 그 본질을 생각해보자. 브랜드는 만드는 것이 아니라 자연스럽게 커지는 것이다. 왜냐하면 브랜드는 인상에 남는 로고 마크나 TV CF에 의해서가 아니라 팬의 숫자에 따라 만들어지기 때문이다.

가령 당신에게 열성적인 팬 100명이 있다고 치자. 그들은 물건 값을 깎지도 않고 당신이 추천하는 물건은 아무런 의심 없이 좋은 물건이라고 믿어준다. 즉, 그 100명에게 당신의 회사는 이미 훌륭한 브랜드이다. 멋진 로고나 화려한 홈페이지의 존재 여부는 중요하지 않다. 매일 손님이 길게 줄을 서 있는 식당이 전국에 이름을 알리는 브랜드가 되듯이, '브랜드=간판'이 아니라 '브랜드=팬의 숫자'인 것이다.

팬을 모으는 과정은 종교와 상당히 비슷하다. 종교가 신자를 모으기 위해서 성경을 나눠주고 십자가를 만들고 교회에서 예배를 드리는 것처럼, 회사는 팸플릿이나 소책자를 나눠주고 로고 마크를 만들고 안심할 수 있는 사옥에서 이벤트를 개최한다. 그 결과 고객들은 서로 만나고 소통하며 나중에는 자신의 친구와 지인까지 끌어들이기 때문에 자연스럽게 회사는 강력한 브랜드가 되는 것이다.

이처럼 브랜드는 로고 마크와 같이 눈에 보이는 것으로 만들어지는 것이 아니라 고객과의 만남과 소통이라는 눈에 보이지 않는 가치로 빛나게 된다. 따라서 사업을 운영할 때는 고객이나 거래처가 어떤 커뮤니케이션에 가치를 느끼고 어떤 활동에 신뢰를 보여주는지를 정확하게 알고 있어야 한다.

돈 안 되는 일을 하는 사람은 먼저 로고 마크를 디자인하지만, 돈 되는 일을 하는 사람은 먼저 회사에 대한 신뢰를 키우는 과정을 디자인한다. 그리고 모여든 핵심 고객의 수요를 정확히 이해한 뒤에 모두가 하나 될 수 있는 상징성을 담아 로고 마크를 만든다. 로고에 돈을 들이기 전에 사람에게 돈을 들여야 하는 이유이다.

손실 감수의 법칙:
이익을 사회 공헌으로 연결하라

{ [돈 안 되는 생각] 이익을 얻기 위해서 책임은 잊자.
[돈 되는 생각] 책임을 다하기 위해 이익은 잊자. }

'Don't Buy This Jacket.'(이 재킷은 사지 마세요.)
　미국의 의류업체 '파타고니아'가 신문 광고에 자사 상품인 재킷 사진과 함께 실은 광고 카피이다. '자사의 상품을 사지 말아달라'고 호소하는 이 광고는 상당히 큰 반향을 일으켰다. 왜

파타고니아는 굳이 자사에 손실이 될 만한 메시지를 실었을까? 그건 바로 기업으로서 책임을 다하겠다는 결의를 표명하기 위해서였다.

파타고니아는 환경을 지키기 위해서 쓸데없는 소비를 억제해야 한다고 생각했다. 계절이 바뀔 때마다 옷을 새로 사고, 수선하면 계속 입을 수 있는데도 옷을 버리는 것을 용납할 수 없었다. 그것은 파타고니아의 기업 이념인 '비즈니스를 통해 환경 위기에 경종을 울리고 해결을 위해 행동으로 옮긴다'에 어긋나는 일이기 때문이다.

비슷한 광고 메시지는 일본에도 있다. '이직할 때는 신중하게'라는 이직 사이트 엔제펜의 광고이다. 이직을 해야 회사에 이득이 될 텐데 그 이익을 포기하면서까지 '이직자의 인생을 지킨다'는 사회 정의를 실현한 것이다. 이 표현은 눈길을 끌기 위한 1회성 광고 카피가 아니다. 실제로 엔제펜은 기업(광고주)에 대해서 좋은 말만 쓰지 않고 정직하고 솔직한 취재를 한다고 정평이 나 있다. 광고 카피에서 끝나는 것이 아니라 행동으로도 기업 이념을 보여주고 있는 것이다.

파타고니아, 엔제펜 모두 '손실을 입어도 괜찮다'는 각오로 책임을 표명해 사회적인 지명도와 높은 평가를 동시에 획득했다. 돈 안 되는 일을 하는 사람은 사회 정의를 말로만 하고 행동으로 옮기지 않지만, 돈 되는 일을 하는 사람은 이익을 잃어가면서까지 사회 정의를 실천한다. 그렇기 때문에 높은 평가를 받고 부동의 지위를 획득한다.

'○○를 사지 마세요.'

'○○은 신중하게'

당신은 이 빈칸을 무엇으로 채울 것인가? 손실을 입더라도 언행일치로 결의를 다지는 순간, 당신은 사회에서 높은 평가를 받게 될 것이다. 명확한 책임을 지는 일이 귀찮다고 생각할지도 모르겠다. 그러나 책임을 지면 동료들과 강한 유대관계를 맺을 수 있다. 책임을 지는 일은 결국 당신을 고독에서 해방시키는 일이다.

단호한 거부의 법칙: 사명감을 표현하라

{
[돈 안 되는 생각] ○○에 대해서 의논하자.

[돈 되는 생각] ○○는 저지하자.
}

"우리들은 기후 변동에 대해서 토론하고 싶은 것이 아닙니다. 저지하고 싶은 것입니다."

이런 강렬한 메시지를 회사 안내 책자에 싣는 회사가 있다. 그렇다. 바로 애플이다. '거부한다', '저지한다'와 같은 말은 강렬한 의지를 나타내준다. 또 우리가 원하는 현실을 위해 할 수 있는 일은 없는지 찾아서 행동하게 만든다. 따라서 기업의 입장을 표명할 때에는 상당히 효과적이다.

'당사의 사명은 동물 보호입니다'보다는 '당사는 동물 실험을 강력하게 반대합니다'라고 말하는 것이 사내에도, 사외에도 그 결의가 잘 전달된다. 또 '샐러리맨의 삶을 지지합니다'보다는 '소비세 인상을 저지합니다! 매장 상품 가격 동결로 대항!'이라는 표현이 더 머릿속에 오래 남고 사원은 의지를 갖고 행동하게 된다.

기업 이념을 갖고 있는 회사는 많이 있지만 그 문장들은 '우리들은 지역 사회에서 사랑받는 존재가 되겠습니다', '모든 것은 고객님의 만족을 위해서'와 같은 두루뭉술한 표현이 많고, 거의 대부분 다른 회사를 흉내 낸 것이다. 사명감을 진심 어린 말로 표현하고, 일관된 행동으로 나타낼 수 있는 회사는 극히 드물다. 전달하지 않으면 사원은 일할 의욕을 찾을 수 없고, 행동과 말이 다르면 고객은 떠나버린다.

말의 힘은 너무나도 위대하다. 사명을 표현할 때, 아무 생각 없이 단어를 선택해버리면 아무 일도 일어나지 않지만, 리더의 진심을 나타내는 단어를 신중하게 선택한다면 그것이 사원들에게 강한 의지가 되고 일관된 행동을 낳는다.

이것은 개인의 일에도 해당된다. 자신의 미션을 명확하게 표현할 수 있는 사람은 아무리 힘든 일이 있어도 인내심을 갖고 끝까지 해낼 수 있는 의지가 생긴다.

교육 관련 미팅에 참가한 적이 있는데, 그곳에서 어느 선생님이 격앙된 목소리로 이렇게 말했다.

"나는 아이들이 싫어하는데도 의미 없이 반복적으로 교과서를 외우게 하는 지루한 수업을 모두 없애버리고 싶습니다."

당신이 모두 없애버리고 싶은 것은 무엇인가? 강력하게 반대하고 싶은 것, 또 저지하고 싶은 것은 무엇인가? 말의 힘으로 명확해진 당신의 사명감을 세계를 향해 표명하면 회사는 강력한 세계 혁신의 엔진이 될 것이다.

간단한 규정의 법칙:
행동 규범이 회사를 만든다

{
[돈 안 되는 생각] 누구나 이해할 수 있는
바른 규칙을 만들자.

[돈 되는 생각] 누구나 할 수 있는
간단한 규칙부터 시작하자.
}

아무리 훌륭한 상품을 개발해도, 아무리 훌륭한 마케팅을 펼쳐도 훌륭한 조직이 없다면 회사는 성립되지 않는다. 그렇다면 훌륭한 조직을 만들기 위해서는 어떻게 해야 할까?

가장 빠른 지름길은 행동 규범을 만드는 것이다. 행동 규범은 자사의 이념을 사원들에게 주지시키고 모두 같은 행동을 하게 만드는 규정 모음집을 말한다. 특히 고급 호텔 '리츠칼튼'의 행동 규범이 업계에서는 가장 유명하다. 사원은 20항목에 이르는 규정을 카드 한 장에 정리해 의무적으로 늘 휴대하고 다녀야 한다. 내용은 상당히 구체적인데, 예를 들면 전화 대응의 경우 이런 식이다.

'전화 대응 매너를 지킵시다. 전화벨이 3번 울리기 전 '웃는 얼굴로' 전화를 받습니다. 되도록 고객님의 이름을 부릅니다. 보류할 경우에는 '잠시 기다려주시겠습니까?'라고 묻습니다.'

20항목 중에는 민원 처리, 호텔 안내를 비롯해 구체적인 업무 대응 방법과 호텔 안에 있을 때뿐 아니라 바깥에 있을 때의 마음가짐에 대해서도 적혀 있다. 그래서 이 내용을 읽기만 해도 훌륭한 비즈니스맨으로 성장할 수 있을 것 같다. 이런 행동 규범은 항목이 많지 않아도 큰 효과를 발휘한다.

글로벌 규모로 젊은 사장들이 모이는 조직 'YPO(Young President Organization)'에서는 3~5항목으로 간추린 간단한 규정을 사원에게 철저히 주지시키기만 했을 뿐인데 수익이 20~50% 개선되었다는 기업이 속출했다.

일례를 들면 어느 레스토랑에서는 메뉴 선택에 대해서 검토한 결과, '다음 주 메뉴는 수요일 점심까지 결정할 것', '5품목 중 3품목은 과거에 잘 팔렸던 메뉴로 할 것', '채소와 과일 90%

는 현지 생산한 제품으로 할 것'과 같은 간단한 규정을 도입했다. 그 결과 수개월 후에 매출이 30%, 수익은 2배로 늘었다고 한다 (도널드 설, 캐슬린 M. 아이젠하트의 『심플, 결정의 조건』).

돈 되는 일을 하는 사람은 규범을 만들기 때문에 팀이 뭉쳐서 실력을 발휘한다. 돈 안 되는 일을 하는 사람은 규범이 없으므로 늘 개인의 힘에 그친다. 당신의 일에서 중요하고 간단한 규정은 무엇인가. 규정이 없으면 누구나 참가할 수 있는 팀이 될 수 없다.

물과 기름의 법칙:
관리 없는 혁신은 없다

[돈 안 되는 생각] 혁신을 가져오는 것은 자유이다.
[돈 되는 생각] 혁신을 가져오는 것은 관리이다.

'혁신'을 목표로 삼는 회사가 많아지고 있다. 많은 사람이 다양한 인재를 모아 횡적인 직장을 만들거나 시간을 빼앗기지 않는 자유로운 근무 방식을 도입하면 틀을 깨는 창조적인 아이디어가 생겨나고 혁신적인 비즈니스가 시작되지는 않을까 기대한다. 물론 이런 일들은 혁신을 낳기 위해 중요한 조건이기는 하지만 나의 관찰에 따르면 이보다 훨씬 더 필요한 조건이 있다. 그것은 바로 '관리'이다.

믿기 어려울지도 모르지만, 관리 없는 혁신은 없다. 나의 경우를 예로 들자면, 마감 기한이 없으면 원고를 절대로 끝까지 다 쓸 수 없다. 또 페이지 수 제한, 독자의 기대와 같은 '제약'이 부과되어야 비로소 '독창성'에 도전할 수 있게 된다. 자기 자신을 시간적·공간적으로 답답하고 고독한 공간에 몰아넣어야 비로소 그 틀을 뛰어넘는 폭발적인 에너지가 분출된다.

혁신과 관리라는 완전히 다른 반대 개념은 리더십을 갖고 있는 사람에게 있어서 큰 가치를 낳는다. 왜냐하면 혁신을 강조하는 사람과 관리를 중시하는 사람은 물과 기름이라서 일반적으로는 의견이 맞지 않지만 업무를 진행할 때 그 긴장감을 활용한다면 효과적인 결과를 가져올 수 있기 때문이다. 그리고 고객에게 상품을 전달할 때에는 다음과 같은 설득력 있는 광고 카피를 사용할 수 있게 된다.

'저희 가게의 직원은 훈련 과정 5년을 거쳐야 비로소 인정을 받습니다.'

'100번 넘는 검사를 통과해야 비로소 상품이 됩니다.'

이와 같이 엄격한 관리 체계를 홍보하면 고객에게 회사가 부단히 노력하고 있다는 믿음을 줄 수 있다. 또 직원들은 고객과

약속을 지키기 위해서 다양한 부서가 협력할 수 있게 된다.

 돈 안 되는 일을 하는 사람은 사내의 긴장을 피하면서 어중간한 가치를 고객에게 전달하지만, 돈 되는 일을 하는 사람은 사내의 긴장조차도 고객에게 가치를 전달하는 데 활용한다. 관리 체계를 강화하는 것이 혁신성 및 창조성을 짓밟는 게 아니라 사실은 고객 관점의 결여, 고객과의 괴리가 혁신성과 창조성을 짓밟는다. 고객에게 초점을 맞추고 있는 한, 관리는 창조의 품질을 향상시키고 있다.

고객 평가 활용의 법칙:
미래는 고객이 만든다

{ [돈 안 되는 생각] 고객의 평가가 좋으면 회식을 하자.
[돈 되는 생각] 고객의 평가를 기반으로
전략을 실행하자. }

지금 당신의 회사에는 고객 평가 제도가 있는가? 혹시 없다면 지금 당장 도입해야 한다. 왜냐하면 미래에는 고객의 평가를 회사의 모든 영역에서 활용하게 될 것이고 이를 통해 큰돈을 벌 수 있을 것이기 때문이다.

고객의 평가를 활용하는 방법은 크게 3가지로 나눌 수 있다. 첫 번째는 판촉 행사를 할 때 구매를 촉진하기 위한 고객 후기로, 두 번째는 상품 품질을 향상시키기 위한 피드백으로, 그리고 세 번째는 회사 전체 팀의 힘을 끌어올리기 위한 전략적 지표로 활용한다.

고객의 평가는 매출을 올리고 품질을 향상시키며 팀의 힘을 끌어올리는 어마어마한 1석3조 효과를 발휘한다. 이 중에서도 특히 세 번째인 팀의 힘을 끌어올리기 위해 고객 평가를 활용하는 방법이 앞으로 가장 중요해질 것이다.

미래에는 비즈니스가 가져다줄 가치가 팀에 의해 결정된다고 해도 과언이 아니다. 팀의 힘이 없는 회사는 사업을 운영하면서 여러 영역에서 어긋나기 시작할 것이고, 이것은 회사에 있어서 치명적인 단점이 될 것이다.

앞에서도 언급했듯이 배너 광고의 디자인과 그것을 클릭한 뒤에 보게 되는 웹 디자인의 인상이 다르면 고객 유입률이 뚝 떨어진다. 광고뿐 아니라 고객이 회사를 접하는 모든 영역에서 조금이라도 어긋나는 부분이 있으면 고객은 빠르게 빠져나간다.

그러나 완벽하게 일관성 있는 회사를 만드는 것은 쉽지 않다. 왜냐하면 요즘에는 회사의 관계자가 너무나도 다양하기 때문이다. 사내에는 정사원, 계약사원, 파견사원, 프리랜서가 있고, 사외에도 대리점, 판매점, 계열사 등이 있다. 서로의 협력체계가 어긋나지 않는 회사를 만들려면 각기 다른 입장인 사람들을 통솔할 수 있는 강력한 리더십이 필요하다. 이를 위해서는 고객 평가를 기반으로 전략을 세워야 한다.

돈 안 되는 일을 하는 사람은 고객 평가의 별 개수만 보고 기뻐하거나 슬퍼한다. 한편 돈 되는 일을 하는 사람은 '이번 달 고객 평가는 어땠어?'라고 물은 다음 사내 모든 관계자를 모아서 기업 전략을 짠다. 회사를 지속적으로 성장시키는 최선책은 고객의 눈을 속이지 않고 단순한 지표에 집중하는 것이다.

인생 직업의 법칙:
재미가 돈을 만든다

{ [돈 안 되는 생각] 지금 하는 일은 돈이 되지 않아.
[돈 되는 생각] 지금 하는 일은 정말로 즐거워. }

당신은 대체 어느 정도의 돈이 있으면 만족하겠는가. 어느 조사(출처: 데이비드 크루거의 『돈에 대한 사고방식을 바꾸자』)에 따르면 이 질문에 대한 사람들의 평균적인 대답은 '현재의 2배'였다. 재미있는 사실은 연봉이 3,000만 원인 사람도, 1억 원인 사람도,

5억 원인 사람도 모두 대답은 '2배'였다는 점이다. 여기서 우리는 정말 부족한 것은 돈이 아니라는 사실을 알게 된다.

그렇다면 도대체 무엇이 부족하단 말인가. 얼마 전 내가 강사로 일하는 경영자 대상 스터디 모임에 시급 9,000원을 받는 대학 사무직 여성이 참가한 적이 있었다. 이야기를 들어보니 생활이 어려워서 돈이 되는 일을 하고 싶다고 했다. 그러나 그녀가 원하는 것은 생활을 위한 일이 아니었다.

본인도 깨닫지 못했지만, 그녀는 자신의 인생 직업을 찾고 있었다. 비즈니스 세미나에 참가해 동료와 즐겁게 웃고 있는 동안 마음속에서는 중대한 변화가 일어나고 있었을 것이다. 돈이 부족하다는 불안을 잊고 있었던 것이다.

그녀는 돈 때문에 고민하지 않고 하고 싶은 일에 한 걸음씩 다가가는 것을 무척이나 즐거워하고 있었다. 이런 식으로 일이 즐거우면 점차 주위의 신뢰를 얻게 되고 그러다 보면 어느 순간 수입은 올라 있을 것이다.

자신의 연봉에 대한 불만도 자세히 들여다보면 일에 사명감을 느낄 수 없어서 생긴 불만인 경우가 많다. 사명감이 동반되지 않는 일은 아무리 보수가 좋아도 결코 만족감을 얻을 수 없다. 그 채워지지 않는 부분을 금전적으로 메우려고 하기 때문에 '연봉이 2배였으면 좋겠어'라는 생각을 막연하게 하게 되는 것이다.

돈 안 되는 일을 하는 사람은 생활을 위해서 눈앞에 닥친 일을 한다. 돈 되는 일을 하는 사람은 아무리 작은 일이라도 사명을 느낄 수 있는 인생 직업을 찾는다. 사명감을 찾을 수 있는 확실한 방법은 '지금 내 눈앞의 고객을 행복하게 하려면 어떻게 하면 좋을지'를 진지하게 생각하는 것이다. 고객의 행복을 진심으로 생각하면 그 고객에게 자신의 모습을 투영하게 되므로 반드시 자신의 행복으로도 연결된다.

주위 사람이 재미없다고 생각하는 일에서 재미를 찾아보는 건 어떨까. 그러면 생각지도 못한 기회가 찾아와서 당신밖에 할 수 없는 최고의 일을 만나게 될 것이다. 인생 직업은 눈앞에 있다. 이 법칙에서 예외는 절대로 없다.

돈이 되는 말의 법칙:
다른 사람을 위해 일하라

{ [돈 안 되는 생각] 이익을 내기 위해서는
무엇을 하면 좋을까?

[돈 되는 생각] 돈을 벌기 위해서는
무엇을 하면 좋을까? }

'이익을 내는 것'과 '돈을 버는 것'은 다르다. '이익을 내는 것'은 일본어로는 믿을 신(信)과 사람 자(者)로 이루어진 한자, 즉 쌓을 저(儲) 자를 쓴다. 이것은 고객을 우리 회사의 신도로 만들어 돈을 얻으려는 상태를 말한다. 이익을 최대한으로 올리는 것이 목적이기 때문에 고객을 상품에 지나치게 의존하도록 만들 위험성이 있다. 따라서 스스로 윤리관을 갖고 조절해야 한다.

한편 '돈을 버는 것'은 뉘앙스가 다르다. 일본어로는 심을 가(稼) 자를 쓰는데, 집 가(家)와 벼 화(禾), 즉 이 글자에서는 사랑하는 가족에게 식량을 갖다주는 광경이 떠오른다. 과거 일본에서는 수확한 벼를 하늘에서 내려주신 선물이라고 생각하고 식물의 신인 풍수대신을 섬기는 신사에 제물로 바치는 습관이 있었다. 돈을 번다는 것은 지역 전체가 번영하기 위한 봉사를 의미한다. 어떻게 생각하면 '돈을 벌다'에는 벼가 자라나는 이야기가 담겨 있다. 땅을 일구고, 씨를 뿌리고, 모를 키워 모심기를 하고, 벼가 자라 열매를 맺고, 익어서 황금색으로 변하고, 낫으로 수확하는 자연의 흐름이 있는 것이다.

비즈니스도 마찬가지이다. 자신을 돌아보고, 고객의 수요를 발견하고, 동료와 만나 갈등도 겪으면서도 자기 본래의 재능을 발견해가는 이야기가 있기에 건전하고 강한 비즈니스가 성장해간다.

지금까지 비즈니스가 결실을 하기까지 자연의 흐름, 즉 성공 이야기를 완성시키는 요소를 총망라했다. 이제는 당신만의 이야기를 시작하기 위해 한 걸음을 내디뎌야 할 때이다.

당신이 여러 가지 역경을 극복한 경험으로 얻게 되는 지혜는 모두 당신의 상품과 회사에 기록되고 쌓인다. 그리고 당신의 회사를 만난 고객이 상품을 사용하면서 그곳에 쌓인 모든 경험과 지혜를 받아들이게 된다. 이와 같이 누군가의 행복을 바라면서 살아가는 체험을 상품이라는 미디어에 기록하고 널리 퍼트리는 작업이 바로 비즈니스이다.

돈 안 되는 일을 하는 사람은 자신을 위해 일하지만 돈 되는 일을 하는 사람은 주위 사람들에게 봉사를 한다. 우리들은 어떤 이상적인 미래를 위해서 봉사할 것인가. 동료와 함께 주위에 봉사하는 마음으로 살아가면 우리들의 마음속에는 행복이 넘치게 될 것이다. 일에서 직면하게 되는 어려움은 당신을 진정한 행복으로 이끌어주기 위한 보상이다.

이 책을 늘 갖고 다니며 용기를 갖고 한 걸음씩 내딛길 바란다. 나는 언제나 응원하겠다.

부록

[돈 안 되는 생각] vs. [돈 되는 생각] 체크리스트

"나는 돈 안 되는 일을 하는 사람인가,
돈 되는 일을 하는 사람인가?"

돈 안 되는 생각 VS. 돈 되는 생각

돈 안 되는 일을 하는 사람은
이렇게 생각하고 말한다

☐ 현재의 문제점은 무엇인가?(매출이 떨어질 때)
☐ 왜 나한테 이런 일이 생기지?(위기 상황에서)
☐ 뭐든지 하고 있습니다.
☐ 타깃은 '이것'
☐ 예산을 얼마나 확보할 수 있는가?

☐ 예상치 못한 부분은 무시하자.
☐ 맞는 답은 무엇인가?
☐ 성공한 사례가 있는가?
☐ 왜 회사는 승인해주지 않는가?(아이디어가 떠오를 때)
☐ 아무리 말해도 저 사람이 들어줄 리 없어.

☐ 모두를 위해 적자라도 열심히 노력하고 있습니다.
☐ 돈이 되는 상품은 없나?
☐ 고객이 적으면 실망한다.
☐ 어떻게 하면 내 실적을 올릴 수 있을까?
☐ 현실적으로 생각하면 지금이 물러나야 할 때이다.

☐ 할 수 있다! 반드시 할 수 있다!
☐ 어떤 정보를 전달할 것인가?
☐ '거짓말'이 안 보이도록 하자.

- [ ] 대단하다는 말을 들으려면 무엇을 전달해야 할까?
- [ ] 고객은 무엇을 필요로 할까?
- [ ] 지금까지 열심히 해왔는데 완전 최악이야.
- [ ] 상품을 빨리 팔아버리기 위해서는 어떤 제한이 필요한가?
- [ ] 경쟁 상대를 이기기 위해서는?

- [ ] 돈이 될 만한 상품은 없는가?
- [ ] 이 상품은 ○○입니다.
- [ ] 일단 처음에는 평범한 체험을 제공한다.
- [ ] 이 상품의 매력을 당신에게 알려드리겠습니다.
- [ ] 환불을 보장해주면 회사에 '손해'

- [ ] 사내의 업무 과정을 간단하게
- [ ] 상품 포장은 상품을 포장하는 것
- [ ] 더 팔기 위해 끼워 판다.
- [ ] 누구나 이해할 수 있는 바른 규칙을 만들자.
- [ ] 팔릴 때까지 노력하자.

- [ ] 모든 것을 해낼 수 있습니다.
- [ ] 브랜드 가치를 위해 멋진 로고를!
- [ ] 혁신을 가져오는 것은 자유이다.

- ☐ 이익을 얻기 위해서 책임은 잊자.
- ☐ ○○에 대해서 의논하자.
- ☐ 고객의 평가가 좋으면 회식을 하자.
- ☐ 지금 하는 일은 돈이 되지 않아.
- ☐ 이익을 내기 위해서는 무엇을 하면 좋을까?

돈 안 되는 생각 VS. 돈 되는 생각

돈 되는 일을 하는 사람은
이렇게 생각하고 말한다

- ☐ 미래를 위해 준비할 것은 무엇인가? (매출이 떨어질 때)
- ☐ 오오! 재미있어졌는걸! (위기 상황에서)
- ☐ 그것은 하지 않습니다.
- ☐ 타깃은 '이것'과 '저것'
- ☐ 이익을 얼마나 확보할 수 있는가?

- ☐ 예상치 못한 부분을 중시하자.
- ☐ 맞는 질문은 무엇인가?
- ☐ 성공을 상상할 수 있는가?
- ☐ 왜 나는 승인하지 않는가? (아이디어가 떠오를 때)
- ☐ 이렇게 말하면 저 사람이 주위에 말해줄 거야.

- ☐ 모두를 위해 흑자를 달성하고자 열심히 노력하고 있습니다.
- ☐ 고객을 깜짝 놀라게 할 만한 상품은 없나?
- ☐ 적은 고객에게 감사한다.
- ☐ 관심을 갖게 하려면 무엇부터 전달해야 할까?
- ☐ 미래를 내다보면 지금이 돌파구이다.

- ☐ 못 하는 게 이상하다.
- ☐ 어떤 감정을 전달할 것인가?
- ☐ '얼굴'이 보이도록 하자.

☐ 관심을 갖게 하려면 무엇부터 전달해야 할까?
☐ 고객에게는 어떤 아픔이 있을까?
☐ 장기적으로 생각하면 지금이 최고의 순간이다.
☐ 고객에게 제때 제공하기 위해서는 어떤 지원이 필요한가?
☐ 경쟁 상대를 뛰어넘기 위해서는?

☐ 도전할 만한 상품은 없는가?
☐ 이 상품을 활용하면 ○○할 수 있습니다.
☐ 최고의 감동을 주는 엄청난 체험을 제공한다.
☐ 이 상품의 매력을 당신이 말해주십시오.
☐ 환불을 보장해주면 회사에 '이득'

☐ 고객의 주문 과정을 간단하게
☐ 상품 포장은 회사를 포장하는 것
☐ 더 만족시키기 위해 끼워 판다.
☐ 팔고 나서도 노력하자.
☐ 저희 회사의 강점은 ○○입니다.

☐ 브랜드 가치를 위해 팬을!
☐ 책임을 다하기 위해 이익은 잊자.
☐ ○○는 저지하자.

☐ 누구나 할 수 있는 간단한 규칙부터 시작하자.
☐ 혁신을 가져오는 것은 관리이다.
☐ 고객의 평가를 기반으로 전략을 실행하자.
☐ 지금 하는 일은 정말로 즐거워.
☐ 돈을 벌기 위해서는 무엇을 하면 좋을까?

돈이 되는 말의 법칙

펴낸날	초판 1쇄 2016년 12월 14일 초판 4쇄 2023년 8월 30일
지은이	간다 마사노리
옮긴이	최지현
펴낸이	심만수
펴낸곳	(주)살림출판사
출판등록	1989년 11월 1일 제9-210호
주소	경기도 파주시 광인사길 30
전화	031-955-1350 팩스 031-624-1356
홈페이지	http://www.sallimbooks.com
이메일	book@sallimbooks.com
ISBN	978-89-522-3543-5 13320

※ 값은 뒤표지에 있습니다.
※ 잘못 만들어진 책은 구입하신 서점에서 바꾸어 드립니다.